Tramas del yo

Ejercicios filosófico-literarios sobre
el viviente y la Vida

Ficha bibliográfica

Diego I. Rosales

Tramas del yo
Ejercicios filosófico-literarios sobre el viviente y la Vida
1a. edición, 2024

ISBN: 978-607-5913-03-2

Editorial Notas Universitarias, S. A. de C. V.
Colección Hápax. Serie prósopon 02

Impreso en la Ciudad de México, junio de 2024
Formato: 15 × 21 cm

124 pp.

Editorial NUN
es una marca de Editorial Notas Universitarias, S. A. de C. V.
Xocotla 17, Tlalpan Centro, alcaldía Tlalpan,
C. P. 14000, Ciudad de México

www.editorialnun.com.mx
contacto@editorialnotasuniversitarias.com.mx

Dirección editorial: Miryam D. Meza Robles
Cuidado de la edición: Felipe G. Sierra Beamonte
Corrección de estilo: Esteban Manteca Aguirre
Maquetación: Lumbral Studio
Diagramación y versión digital: Carlos Papaqui Landeros

Impreso en México

Tramas del yo

*Ejercicios filosófico-literarios sobre
el viviente y la Vida*

por

Diego I. Rosales

hápax · Centro *de* Investigación *en* Humanidades

Índice

A Aarón Castillo
y a mi monasterio volador

Prólogo
¿Por qué no me suicido?

Cuando Albert Camus, enfatizando el talante existencial del amor a la sabiduría, planteó que la pregunta fundamental de la filosofía no es otra que la del príncipe Hamlet –"To be or not to be"– sólo daba otro giro de tuerca a la *magna quaestio* por la que Aurelio Agustín abordara la pregunta por el ser en primera persona. Desde el mismo cruce de caminos entre la teoría y la acción en el yo, *Tramas del yo*, de Diego Rosales, se plantea el incógnito que el ser humano es para sí mismo.

El enigma, argumenta Rosales, es la situación fundamental del ser humano ante el mundo en el que vive y ante el íntimo espejo de sí. El enigma es, pues, la tesitura fundamental de las tramas del yo. Ahora bien, la cuestión que el ser humano resulta para sí se puede elaborar, como sugiriera Gabriel Marcel, en términos de problema, como una incógnita que se ha de despejar, o como un misterio, en tanto que la pregunta qué soy para mí, cuyo sentido es desconocido, permanece irresoluble.

Con miras a penetrar el enigma, Rosales ensaya unos ejercicios en los que, mano a mano, literatura y filosofía iluminan aspectos de la opaca cueva del sentido. Para él, ambas actividades comparten la ilustre labor de indagar el enigma: la primera lo afronta con el herramental de la creación y la segunda con el aparato de la crítica. Acaso la filosofía, en las coordenadas existenciales en las que Rosales la plantea, no sea más que un tipo de crítica literaria de los relatos en los que vivimos. En ese sentido, la literatura ofrece a la filosofía modelos de deseo y acción que suponen apropiados pretextos para la reflexión sobre el enigma que el ser humano es para sí.

Superando la moderna reducción sujeto/objeto que aprisiona al yo en la cárcel solipsista, y ya que la Vida no comparece ante el sujeto como lo hace el objeto, Rosales apuesta por el lenguaje de Michel Henry que, más bien, nos refiere al yo como viviente y en íntima relación con la Vida. La Vida, aquende y allende mis sentidos, me desborda: es misterio. Sea por la imagen y semejanza del Creador en la creatura o debido a una proyección ideal del yo desde su penuria, ante el espejo del misterio divino, el viviente se revela también como un misterio. Heredero del giro teológico de la fenomenología francesa, este libro contribuye a plantear una teología que gira alrededor de la antropología: una exploración desde el sujeto, a quien este libro trata como viviente en relación con la Vida.

Se ha dicho que no se puede enseñar ética sin una amplia experiencia del mundo, que la literatura permite hacer en cabeza ajena. Menos aún se deberían emprender las sendas paralelas de la teodicea y la antropología sin una familiaridad con las tradiciones literarias, a riesgo de sacrificar el espíritu de fineza por la abstracción del geómetra. Más aún, como Augusto en *Niebla*, de Miguel de Unamuno, habitamos algún mito en este *theatrum mundi*, sepámoslo o no. De la mano de Borges, Elizondo, Chesterton, Bloy, Joyce y Poe, y con la ambición de Augusto, Rosales inquiere en los especulares misterios la Vida y del viviente, entre los que se abre la fosa del misterio del mal que la ternura, ese amor silente que "mueve el sol y las demás estrellas", abrevia. La ternura, ese hondo enigma, provoca a Rosales a pensar en el moderno Edipo como susceptible de redención.

Juan Manuel Escamilla González Aragón
Edimburgo, enero 2024

Advertencia

Este libro tiene su origen en un par de cursos impartidos para la Universidad de Piura, en Perú, y para la plataforma educativa y cultural Skolarts. En ambos casos, se me había pedido vincular la filosofía con la literatura. Cada uno de los capítulos, con excepción de la introducción, está dedicado al comentario de uno o varios textos literarios. En concreto, relatos cortos. El cuento me ofrecía un cuerpo literario con suficiente contenido para poder descubrir en él algunas tesis filosóficas pero sin la extensión que otras formas, como la novela o el teatro, necesitan para expresarse. No comenté la obra de ningún escritor considerada en general, sino que tomé cada relato como una pieza en sí misma. No soy filólogo, sino un filósofo en ciernes. No pretendí hacer crítica literaria sino lanzar provocaciones al pensamiento a partir del modo como me sentí provocado por los textos. Sólo en ocasiones excepcionales he tomado algún otro texto como referencia, ya para dialogar con él, ya para reforzar alguna idea por su interés respecto de la temática filosófica que ahí se trate.

La literatura ha sido para mí ocasión de ponerme en contacto con las nociones filosóficas aquí expuestas y una extraordinaria excusa para desarrollarlas. Por ello, urjo al lector a que, antes de leer cada capítulo de este libro, acuda primero a visitar el relato correspondiente y a disfrutar de su lectura libre de la contaminación que aquí se pueda propiciar. El lector que no acuda primero a los textos literarios corre el riesgo de ver arruinada la sorpresa o peripecia reveladora en cada uno de ellos, y el efecto estético de los cuentos se perderá. Mis intenciones son opuestas a las del soplón y sobre advertencia no hay engaño. Todos los cuentos comentados están traducidos al español, e incluso de algunos de ellos hay varias ediciones, digitales inclusive. Consigno al final del libro las que utilicé en cada caso.

* * *

Quiero aprovechar este espacio para agradecer a Juan Pablo Martínez, a Juliana Peiró y a Ramón Ayala, cuya compañía en el tiempo de la redacción de este libro ha sido crucial para resistir la aventura de la existencia y sus avatares, y cuyas ideas e intuiciones filosóficas he robado franca, deliberada y descaradamente. A Daniel Capri por su magisterio creativo, a Richie, a Roche y a Pita por la altura de su liderazgo, a Luis-Fer y a Pepe por la osadía de crear nuevos mundos. Agradezco también a José Ángel Rosales y a Andrea Zepeda por su ayuda en la confección del primer borrador y por las sugerencias que hicieron para mejorarlo. Agradezco a mi esposa Claudia, por todo.

Finalmente, quiero agradecer *ab imo pectore*, y muy en alto, a Gerardo Villicaña y a Marco Ronzón, que en los años dorados de mi adolescencia me enseñaron a leer, me revelaron la filosofía y las letras, y me mostraron que dentro de los libros palpita, viviente, el corazón del mundo.

Introducción
Vida y existencia humana

En este libro busco formular de manera explícita y más o menos ordenada las preguntas sobre la existencia humana que la lectura de algunos textos literarios han suscitado en mí. En ese sentido es un libro muy personal. La urdimbre sobre la que está construido es mi modo de leer, y por ello también en cierto modo mi manera de afrontar la vida, afectada ya para siempre por el deber de filosofar. No busco hacer lecturas precisas, literaria o filológicamente hablando, acerca del sentido último de los relatos que comentaré. Busco, más bien, exhibir lo que ellos me han dejado y el modo como me han provocado. O alguna de las maneras en que lo han hecho. La literatura está aquí al servicio de lo que considero el ejercicio más urgente para los tiempos que corren: la capacidad del ser humano de pensar radicalmente su vida de cara al bien y a la verdad.

Me acojo, así, al modo de entender y de vivir la filosofía tal como es descrita por Miguel García-Baró en su *Filosofía socrática*, en donde señala que es la única forma de vida realmente posible para el ser humano, pues ella consiste en el ejercicio mismo de la razón,

> y, en consecuencia, el contenido de la filosofía no puede ser, para esta comprensión de ella, realmente separable del hombre que así vive. No está constituido por proposiciones, más que en la medida en que las mismas afirmaciones, las pruebas y las hipótesis se dejan entender como partes vivas del hombre.[1]

Sólo podemos pensar desde la vida, que es nuestra vida concreta, situada y tensionada por una serie de anhelos, aspiraciones, inconformidades e indignaciones. Pero también es cierto que sólo podemos vivir pensando, pues lo queramos o no, la acción humana está nutrida de un sentido que se persigue y se realiza en el hacer mismo de la libertad. No hay acción humana sin una verdad que sea perseguida o que quiera realizarse y encarnarse en el mundo.

Actuar, vivir, es, así, investigar. Es ir hacia los vestigios de la verdad que nos sostiene y que anhelamos; es ir hacia las huellas del bien que deseamos y que nos habita de algún modo ya desde antiguo. Por ello, los resultados de la filosofía –si

---

1   Miguel García-Baró, *Filosofía socrática*, Salamanca, Ediciones Sígueme, 2005, pp. 9-10.

es que pueden inocuamente llamarse así– se resisten a ser plenamente sistematizados y ordenados bajo la forma de un tratado. El lector no encontrará aquí las pretensiones de una filosofía altamente congruente consigo misma, diáfana, preclara y cristalina. Pero tampoco encontrará una mera colección de proposiciones aforísticas cuya pretensión de verdad esté sostenida por la mera inspiración y el momento poético del escritor. Este libro es una lucha. Es una pugna por lograr la evidencia y la clarividencia en asuntos que suelen escaparse de las manos y de los ojos de una mirada objetivante y fetichista. No es que acepte la contradicción como resultado filosófico, pero es cierto que la existencia humana puede comparecer constantemente paradójica, y disolver esa paradoja es en muchas ocasiones perder la experiencia misma de la vida, o incluso violentarla. Por eso hago mía, también, la idea de Gabriel Marcel sobre la imposibilidad de sistematizar *more geometrico* el pensamiento o el camino del pensamiento sobre la existencia humana:

> El término 'investigación' es de los que me parece que designan de forma más adecuada la vocación esencial de la filosofía. Y creo que ésta siempre será, en rigor, más heurística que demostrativa. Digamos entonces, si quieren, que en filosofía aquel que expone en su encadenamiento dialéctico o sistemático las verdades que previamente ha descubierto, se arriesga a alterar profundamente el carácter de esas mismas verdades.[2]

La investigación que el lector encontrará aquí tiene el carácter agonal de quien busca comprenderse a sí mismo y comprender el misterio de lo que significa ser libre en un mundo roto, pues la libertad suele ponerse en conflicto con nuestros propios deseos, con nuestras posibilidades y con los horrorosos escándalos que el espectáculo del mundo nos ofrece.

Ignoro si es posible para el ser humano abandonar su inquietud nativa, pues vivimos inmersos entre los diversos elementos que constituyen el tejido de nuestra vida subjetiva. Por ello una de las premisas que están en la base de este trabajo es que la existencia humana se resuelve en una urdimbre entretejida por dos dimensiones ontológicas: la Vida y el mundo; y que ellas comparecen a nuestra conciencia bajo una trama existencial constituida por enigmas, problemas y misterios.[3]

---

2   Gabriel Marcel, "El misterio del ser", en *Obras selectas 1*, Mario Parajón (trad.), Madrid, Biblioteca de Autores Cristianos, 2002, p. 13.

3   Tomo esta terminología de Michel Henry y de Gabriel Marcel, quienes hablan, el primero, de "mundo" y "Vida" y, el segundo, tanto de "problemas" como de "misterios". Complemento el esquema con los avances de Miguel García-Baró, que introduce en este grupo la noción de "enigma". Muchas ideas vertidas en este libro –más bien demasiadas y seguramente mal vertidas– provienen de estos tres filósofos, aunque con las diferencias debidas a mi trabajo personal de apropiación.

1. La revelación de la Vida en el mundo y en la historia

Recibimos la vida con todo por delante, pero ella sólo se nos revela después de haber dejado atrás gozos y dolores que ya han alterado el mundo. En su darse primigenio, ella nos es transparente. No la vemos y no la sentimos, como tampoco nos miramos ni nos sentimos a nosotros mismos. Vuelto al mundo, el niño existe y sale al descubrimiento de lo que aún no concibe como distinto de sí. Hay que dejar la infancia para aprender la diferencia y la alteridad. No sólo el mundo es distinto a mí, sino que en él existen otros vivientes cuya intimidad es honda, sagrada e inconmensurable.

La vida humana no es biología, aunque en ella recae y por ella está el ser humano en el tiempo y en el espacio. Ha sido mérito de Michel Henry dar cuenta de ese don originario de la vida como lo que ilumina la realidad entera y cuyo darse difiere radicalmente del modo como el mundo se nos ofrece, pues esa vida hace posible que conozcamos el mundo pero ella no forma parte de él ni vendrá a él bajo una forma mundana: "Aquello que viene antes del mundo jamás vendrá a él. En efecto, no vendrá nunca por una razón esencial, por principio, como dicen los fenomenólogos. No vendrá nunca porque no puede mostrarse en él, sino sólo desaparecer en él".[4] A diferencia del mundo, que es topología –espacio y temporalidad objetiva–, la vida originaria la palpamos sin tacto en la afección carnal de nuestro sentirnos a nosotros mismos, en el cuerpo y en el alma, en el dolor y en la alegría que se tejen en el hacer del encuentro cotidiano con las cosas y con los demás. Esa vida no es metabolismo ni el despliegue instintivo de una especie, sino la luz y la fuerza, pero sobre todo la vulnerabilidad que da el ser al espíritu humano.

El griego distingue entre βίος, el modo de vida biológico que comparten todos los animales, las plantas y los seres vivos en general, y ζωή, que también significa "vida" pero en tanto "forma-de-vida", régimen, o modo de existencia. Es el modo como el ser humano se apropia de su vida biológica y la transforma en un conjunto de símbolos, tradiciones, rituales, liturgias, leyes. Ambas formas de vida pertenecen al ser humano, y él las controla o las administra, aunque en algunas

---

Escribí este libro solo y, en esa medida, sólo yo soy responsable de los sinsentidos y errores aquí presentes. Cfr. Michel Henry, *Encarnación. Hacia una filosofía de la carne*, Javier Teira, Gorka Fernández y Roberto Ranz (trads.), Salamanca, Ediciones Sígueme, 2001, y *C'est moi la vérité. Pour un philosophie du christianisme*, París, Éditions du Seuil, 1996; Gabriel Marcel, *El misterio del ser*, pp. 178-179 y Miguel García-Baró, *De estética y mística*, Salamanca, Ediciones Sígueme, 2007.

4   Michel Henry, *Encarnación...*, pp. 77-78. Fundamental para mí en la comprensión de Henry y la asimilación de sus ideas es el libro de Juan Pablo Martínez, *El sufrimiento en la vida. Reflexiones sobre la esencia humana en torno a Michel Henry*, Madrid, Ápeiron Ediciones, 2021. De lo escrito aquí, debo mucho a este texto y a los entrañables diálogos con su autor.

ocasiones haya en ellas aspectos que escapan al ámbito del control de algún ser humano individual. Ambas, además, están dentro del ámbito del mundo. Por un lado, la vida biológica, en tanto dinamismo material y anónimo, en tanto impulso evolutivo, está localizada en un tiempo y en un lugar. Es propiamente topológica y objetiva. Natural, en sentido estricto. La vida como ζωή, en tanto histórica, situada en el tiempo vivido, en el cual se desenvuelven y se transforman, a través de los años, las generaciones y los distintos lugares del globo, también está situada en el mundo, no como naturaleza, pero sí como cultura: sigue respondiendo a poderes mundanos y, aunque en ella puede haber anuncios de la vida más honda, su esencia es la historia, y ella es también contingente. No es propiamente natural, pero también es del mundo.

Ninguna de estas formas de vida es, precisamente por ello, la vida que nos es dada de manera primigenia y que acontece en nuestra carne, no bajo el modo de lo orgánico que se sustenta en procesos mundanos, sino bajo el modo de la carne entendida como una libertad que se sufre a sí misma en su propia intimidad y que se vive de manera dramática ante las alternativas que surgen, tanto desde sí como desde lo que el mundo le exige. Por ello, de aquí en adelante escribiré Vida con V capital, como lo hace Henry, para distinguirla tanto del hecho biológico orgánico que miran la ciencia y la actitud natural, como de nuestra propia vida, la de cada individuo que se experimenta a sí mismo y que no es otra cosa sino la recepción de la Vida misma dándose. Ella no es ni βίος ni ζωή sino algo más. Es un darse originario que trasciende toda historia y toda naturaleza, y ancla nuestra libertad a una cierta forma de lo eterno: "La vida se siente, se experimenta a sí misma. No es que sea algo que además dispone de la propiedad de sentirse a sí misma, sino que es ésta su esencia: la pura experiencia de sí, el hecho de sentirse a sí misma. La esencia de la vida reside en la auto-afección".[5] Aunque algunas veces utilizaré la noción clásica de "sujeto", es precisamente a partir de esta tesis que en este libro me acogeré al término henryniano "viviente" para referirme al ser humano, puesto que es exacto para designar la relación y la deuda ontológica que el ser humano tiene *ab origine* con la Vida, que es Dios, y que adviene a él desde la trama del misterio:

> Vivir quiere decir experimentarse a sí mismo. La esencia de la vida consiste en este puro hecho de experimentarse a sí mismo, del que, por el contrario, se encuentra desprovisto todo ser que depende de la materia y, de forma más general, del 'mundo'. Esta definición muy simple de Dios a partir de la definición, ella misma muy simple, de la Vida como pura

---

5   Michel Henry, *Fenomenología de la vida*, Mario Lipsitz (trad.), Buenos Aires, Prometeo, 2010, p. 27.

‘experiencia de sí’ (lo más difícil es a menudo lo más fácil, lo que a su vez quiere decir que lo más simple es a menudo lo más difícil) nos pone desde ahora en posesión de la intuición que conducirá nuestra investigación y que es precisamente la Archi-inteligibilidad de la que hablamos.[6]

Vida y mundo son, así, dos regiones ontológicas distintas, en cuyo cruce acontece la libertad. Pero el ser humano las confunde. Sus fronteras comparecen borrosas o no comparecen del todo. Vida y mundo tejen una trama desde la que el ser humano ha de aventurar su libertad sin tener plena certeza sobre los linderos de ese mundo y de esa Vida, y entonces ha de arriesgarse cada vez, en su acción, en la historia y en el tiempo. Esta ambigüedad le impone el deber de distanciarse del devenir acrítico de la vida cotidiana. El ser humano está obligado a filosofar, tiene el deber de examinar con el máximo rigor posible la situación en la que se encuentra, pues su vida no está dictada ni sentenciada de antemano. Todo ser humano busca un bien, pero no conoce de primera mano cuál es el bien que le satisfará.

El tejido que constituyen la Vida y el mundo coloca al viviente en una situación de inquietud, de modo que ha de salir de sí en la acción para intentar el bien que busca y que no posee ni puede controlar.[7] Así, el viviente actúa y teje su vida, va construyendo su historia sobre la trama que mundo y Vida tienden bajo y sobre sí. Por eso Kierkegaard ha querido hablar de "existente", porque "lo más excelso de la interioridad del sujeto existente es la pasión, pasión a la que la verdad responde como una paradoja, y el hecho de que la verdad llegue a ser la paradoja se funda precisamente en su relación con el sujeto existente".[8] El ser humano experimenta dentro de sí verdades y bienes que no encuentra del todo realizados, y esa constatación provoca en él la pasión más grande, que es la de perseguir aquello que anhela para sí y en sí mismo. El ser humano ha de salir de sí para hacerse, para vivir lo que se siente llamado a vivir y, en esa salida, pone a prueba su propia libertad, su propio ser.

---

6   Michel Henry, *Encarnación*…, pp. 28-29.

7   Ha sido Blondel quien ha mostrado con claridad que ese destino es un destino a la vez forzoso y voluntario: "De todo esto no queda sino una confesión, la misma siempre: la voluntad humana no puede reservarse totalmente para sí porque no procede totalmente de sí. Por muy grande que sea el círculo, la acción lo hace siempre estallar. No está en su poder ponerse límites". Maurice Blondel, *La acción (1893). Ensayo de una crítica de la vida y de una ciencia de la práctica*, Juan María Isasi y César Izquierdo (trads.), Madrid, Biblioteca de Autores Cristianos, 1996, p. 375.

8   Søren Kierkegaard, *Post-scriptum no científico y definitivo a las "Migajas filosóficas"*, Nekane Legarreta (trad.), Salamanca, Ediciones Sígueme, 2010, p. 200.

La noción de "existencia" no dice meramente que algo o que alguien está simplemente ahí, formando parte del mundo como un objeto o una realidad más entre otros objetos o realidades. Existir es ir fuera de sí, no necesariamente al mundo, o no únicamente al mundo, sino como movimiento de expresión y de abandono. Existir es el ser del hombre, que vive una profunda inquietud detonada por la diferencia o el hiato entre lo que es y lo que desea, así como entre lo que es y puede llegar a ser o puede llegar a recibir. La existencia humana no es un simple estar en el mundo de manera definida, sino que la libertad dispone al ser humano no solamente a tener que expresar *in corpore* y de manera siempre parcial sus vivencias íntimas o su vida de conciencia, sino que lo expone a la imposibilidad de considerar el presente como una definición o un cerco, lógico u ontológico, o como el momento definitivo de su vida. La síntesis que experimenta la libertad por su estar entre el mundo y la Vida la obliga a salir a cumplir las verdades que conoce o que quiere conocer, y que no vive del todo en su *hic et nunc*. La topología impone al ser humano la parcialidad del presente, situándolo ante la promesa de un futuro o de otro modo de vivir el tiempo que pueda algún día adquirir carácter de definitividad; en ese sentido, Maurice Blondel afirma que "sea lo que sea lo que la voluntad haya logrado conseguir con sus solas fuerzas, la acción todavía no se ha adecuado al querer de donde procede, la voluntad no se ha querido todavía a sí misma enteramente".[9] Nuestra acción busca la Vida, pero se topa siempre consigo misma o con el mundo y, así, deja siempre al ser humano insatisfecho. De este modo, en su carácter de abierta, la existencia humana está constantemente invitada a un crecimiento que, si bien puede fracasar y decaer en la más maligna de las desdichas y los dolores, cifra su ser como una realidad constantemente inacabada y, por lo tanto, como una posibilidad permanente de nuevos futuros.

2. Las respuestas del ser humano

¿Para qué vivo? ¿Quién soy yo? *Magna quaesto mihi factus sum*, afirmaba de sí mismo san Agustín,[10] quien se había transformado él mismo en pura pregunta; y aunque algunos seres humanos pongan sordina a esta inquietante cuestión y vivan como si jamás este aguijón hubiera calado dentro de sí, la pregunta ya nos ha alcanzado a todos los que de un modo u otro hemos salido de la infancia; aun

---

9   Maurice Blondel, *La acción (1893)*..., p. 380.

10   Cfr. Agustín de Hipona, *Confesiones*, Ángel Custodio O. S. A. (trad.) Madrid, Biblioteca de Autores Cristianos, 2005, IV, 4, 9.

que haya sido en la infancia misma y su enigmático tiempo de juego en donde la cuestión se haya planteado por primera vez.[11]

Las respuestas del ser humano a la alternativa que se abre entre lo que soy ahora y lo que busco en el futuro o en alguna otra modalidad del tiempo, a la pregunta que nos plantea la experiencia que tenemos de nosotros mismos y en la que contrastan la vida y el mundo, son de diversos tipos y han generado en la historia una inmensa riqueza de formas culturales y expresiones sociales o individuales. Dicha respuesta no es una tarea entre otras, sino quizá la única digna de denominarse como tal, pues es en nuestra vida misma en la que intentamos encontrar sentido con nuestros actos y hazañas a través de una variada plétora de instrumentos simbólicos, lingüísticos, educativos, eróticos, políticos o religiosos; a ver si allí, en algún sitio, pueden comparecer el sentido y el bien deseados.

De entre todas estas respuestas, la filosofía es la que asume quizá con mayor crudeza y desnudez el riesgo que la pregunta implica, pues su deber es el de hacer a un lado todos los supuestos culturales y cognoscitivos, para tomar en sus propias manos la tierra del suelo mismo sobre el que la existencia se erige. Su deber es intentar sobrevolar lo histórico y lo contingente para alcanzar a rozar la verdad misma. La posición a la que la filosofía arroja al ser humano podría definirse como la conjunción paradójica de dos reconocimientos explícitos: el del anhelo del bien y el de la ignorancia del bien que anhelamos. Si se reniega de uno de los dos brazos de la conjunción, la filosofía se transformaría en ideología y la acción que habría detonado tal anhelo se convertiría en pura afirmación de los prejuicios. Estaríamos ante una mente embotada de certezas o ante una voluntad estéril. No habría aventura ni riesgo, sino sólo el paso por el mundo de una persona convertida en proyectil arrojadizo, que avanza en su trayecto sin mirar el paisaje ni alterarse por él. Mecánica pura. No habría acción sino mero movimiento.

La filosofía es, en este sentido, una forma de vida que tiene fundamentalmente en su base un amor que, ambiguo, mueve al ser humano a desear y a buscar, pero también le deja siempre insatisfecho del objeto que ordinariamente encuentra. La existencia es, así, primordial y originalmente, un dinamismo erótico. La relación del hombre con el mundo, con su prójimo y consigo mismo, se realiza sobre la base de deseos y amores; unos que buscan satisfacer necesidades del mundo y otros que lanzan al ser humano hacia la Vida.

La religión, la política y las artes son otras formas de responder a la pregunta. La primera instala al individuo en una posición de relativización del mundo a la espera de un Dios que dé sentido a la precariedad de lo que vive. Ella ofrece una

---

11   Cfr. Miguel García-Baró, *Del dolor, la verdad y el bien*, Salamanca, Ediciones Sígueme, 2006, pp. 65-105.

hipótesis de sentido, con pretensiones de verdad sobre la salvación y sobre el sentido último del tiempo. La política atiende el quehacer humano en medio de la alteridad y de la justicia, que exige encarnación en medio de los inmensos males que aquejan el tiempo humano; ella es el trabajo, siempre junto con otros, por lograr el bien común que permita que esos otros y uno mismo tengan una cabida digna en la ciudad. Las artes, por último, persiguen la luz de la belleza, o la luz de la verdad a través de la actividad creativa de la imaginación y la sensibilidad. Cuando el arte se retira de su vínculo con la verdad y la belleza se transforma en una de las formas de la sofística. Ello no quiere decir que sólo pueda legítimamente crear obras bellas o que deba de satisfacer la especificidad de un canon estético. El arte puede cumplir su finalidad incluso mostrando el mal o la fealdad que habita muchas zonas de lo humano. Pero en todos los casos ha de proponer al ser humano un camino de redención creativa que jalone las caídas en el horror hacia una propuesta de sentido más alto, aunque sea bajo la forma del cuestionamiento y la pregunta.

En este libro busco explorar y plantear la pregunta por la existencia humana teniendo en cuenta el arte literario como interpelación filosófica. Leeré la literatura como una cierta forma de filosofía, es decir, como un instrumento que busca crear horizontes de sentido para que la libertad aprenda a nombrarse y a nombrar el mundo. La literatura es un feliz escenario de encuentro entre el mundo y la vida, pues el relato, el verbo y la metáfora son tierra fértil para que la Vida se haga visible sin convertirse en objeto.

3. La literatura como exploración existencial

El primer fin de la literatura es estético. Al menos así lo sostienen grandes poetas y críticos como Octavio Paz, Alfonso Reyes o Harold Bloom. Es una exploración imaginativa, cuya herramienta central es el lenguaje, orientada hacia la creación y el ensanchamiento del mundo del lector y del artista.Veamos el argumento de Reyes:

> Los estilísticos dicen que el lenguaje no está nunca acabado de hacer. No lo estará nunca. En este sentido, afirma Valéry que la poesía intenta crear un lenguaje dentro de un lenguaje. En este sentido, la poesía es un combate contra el lenguaje. De aquí su procedimiento esencial, la catacresis, que es un mentar con las palabras lo que no tiene palabras ya hechas para ser mentado.[12]

---

12   Alfonso Reyes, *La experiencia literaria*, México, Fondo de Cultura Económica, 1993, p. 74.

En este texto, Reyes entiende por "poesía" la generalidad de la literatura, en todas sus formas. Utiliza así el vocablo para hacer explícito el carácter creador de toda escritura literaria. "Poesía" no es en este caso solamente la literatura en verso, sino el arte de la palabra que quiere crear horizontes de sentido, tanto en la dramática de la narrativa como en las imágenes de un poema.

De acuerdo con Reyes, la catacresis, que es el procedimiento esencial de la obra literaria, funge como una muleta que ayuda al espíritu a decir aquello a lo que no le ha sido asignado un vocablo o una alocución. La literatura es esencialmente creativa, innovadora, amplificadora del mundo; dota a lo que no tenía nombre de un mote con el que poder decirlo y mostrarlo. Así, trae al mundo del sujeto lo que estaba antes para él oculto bajo un velo. La poesía busca nombrar lo innombrable, decir lo que el lenguaje natural omite y olvida y, en ese movimiento, recupera una dimensión de la realidad que se sustrae a ser signada por el lenguaje normalmente orientado a decir mundo. Por eso dice que es un combate contra el lenguaje, pues él, en su uso cotidiano, tiende a objetivar la realidad y a transformar a fuerza de costumbre las realidades complejas o los misterios en objetos domesticados.

Comparece aquí una posible línea de contacto entre filosofía y literatura. Si la primera es el esfuerzo por visibilizar lo que en la actitud natural[13] queda oculto como un prejuicio y, por lo tanto, no nombrado, la segunda es la nueva disposición del lenguaje, o su innovación, para decir precisamente eso que el tiempo y el hábito invisibilizan. Sin embargo, después de desarrollar una "fenomenografía"[14] de la literatura, según la cual ésta se divide en tres funciones: *a)* drama, *b)* novela y *c)* lírica, y en dos maneras: *a)* prosa y *b)* verso, Reyes señala que estas funciones y estas formas tienen fines exclusivamente estéticos, y que no han de servir a ninguna otra disciplina: "Lo que no acomoda en este esquema es poesía ancilar, literatura como servicio, literatura aplicada a otras disciplinas ajenas".[15] En este

---

13 Conviene recordar que para Edmund Husserl la filosofía ha de ser una fenomenología que, separándose del modo natural de vivir la vida, la vuelva a mirar desde una perspectiva verdaderamente crítica y absolutamente responsable. Así entendida, la filosofía es un ir a las fuentes de las cuales obtienen su sentido todas nuestras vivencias. "La filosofía –la sabiduría– es una incumbencia totalmente personal del sujeto filosofante. Debe ir fraguándose como su sabiduría, como aquel su saber tendiente a universalizarse que él adquiere por sí mismo, de que él puede hacerse responsable desde un principio y en cada paso, partiendo de aquella evidencia absoluta. Tomada la resolución de dedicar mi vida al logro de este objetivo, que es la única resolución que puede ponerme en camino de llegar a filósofo, dicho queda que he escogido como punto de partida la absoluta pobreza en el orden del conocimiento". Edmund Husserl, *Meditaciones cartesianas*, José Gaos y Miguel García-Baró (trads.), México, Fondo de Cultura Económica, 2005, p. 42.

14 Reyes distingue explícitamente esta "fenomenografía" de la fenomenología husserliana, remitiendo la primera a la *Lógica mexicana* de Porfirio Parra.

15 Alfonso Reyes, *La experiencia literaria*, p. 74.

sentido, si la filosofía se entiende como una disciplina especial, con un objeto formal y un objeto material de estudio particulares dentro del grupo de disciplinas científicas o artísticas más o menos establecidas, entonces está claro que la literatura no podría ni debería estar a su servicio. La literatura, como práctica estética y como arte deberá mantenerse al margen de ella y buscar su finalidad estética de manera autónoma. Más tarde Reyes matiza: "Al definir las actividades del espíritu, podemos trazarlas como un círculo en que la filosofía, el ser, se toca con el extremo lírico del exclamar o del expresarse en pureza. Los otros segmentos de la curva emparientan la patética y perecedera historia con la ciencia permanente y serena, dentro del suceder real".[16] Aquí parece reconocer que filosofía y literatura pueden tener lazos sanguíneos, en tanto ambas buscan la expresión de lo que el lenguaje y la vida ordinarios mantienen velado. De hecho, también menciona a la historia y los vínculos que la narrativa podría tener con ella. Pero Reyes continúa: "Luego viene un hiato, tras el cual la poesía o literatura aparece, porque ella no admite parentesco de suceder real, sino que se aparta ariscamente, llevando en el seno su ficción o suceder ficticio".[17] De este modo, lo propio de la literatura se hermana con lo propio de la filosofía en tanto busca la pureza de la expresión, una cierta forma del decir según la cual se persigue alcanzar la originariedad de la vivencia que nutre de sentido a la palabra. Sin embargo, ambas se separan en la medida en que a la literatura atañe la ficción y a la filosofía atañería la realidad o la verdad.

¿Pero esto es realmente así? ¿En qué sentido a la literatura atañe la ficción? Si bien es obvio que en un sentido la literatura se ocupa de la ficción, basta mirar con más atención la experiencia literaria para comprobar que un lector por el que ha pasado un clásico ha conocido más de sí mismo, ha conocido más del mundo o bien ha entrado en contacto, aunque sea de soslayo, con el misterio de la Vida. La experiencia literaria no puede reducirse a vivir ficciones, pues de ese modo estaría condenada a que sus efectos estéticos sobre el espíritu humano sean también ficticios. Algo real efectúa la literatura en el ser humano real.

Examinemos ahora una idea de Borges. El escritor argentino discute con Stevenson sobre el sentido de las palabras, quien decía que "están destinadas al comercio de la vida cotidiana, y el poeta las convierte en algo mágico".[18] Para refutarlo, Borges toma el sentido originario-etimológico de algunas palabras que pone como ejemplo. En este caso, la palabra inglesa *thunder*, que en español significa

---

16   *Ibid.*, p. 76.

17   *Idem.*

18   Jorge Luis Borges, "Pensamiento y poesía", en *Arte poética*, Justo Navarro (trad. del inglés), Barcelona, Crítica, 2001, p. 98.

"trueno". Su etimología está vinculada con el dios Thor a partir de la palabra *Þór* del nórdico antiguo, que valía tanto para el trueno como para el dios.

> Si les hubiéramos preguntado –señala Borges– a los hombres que llegaron a Inglaterra con Hengist si la palabra significaba el fragor del trueno o el dios airado, no creo que hubieran sido lo suficientemente sutiles para entender la diferencia. Supongo que cuando pronunciaban u oían la palabra 'trueno' sentían a la vez el profundo fragor del cielo, veían el relámpago y pensaban en el dios. Las palabras estaban llenas de magia; no tenían un significado definitivo e inalterable. Por lo tanto, al hablar de poesía, podríamos decir que la poesía no hace lo que Stevenson pensaba: la poesía no pretende cambiar por magia un puñado de monedas lógicas. Más bien devuelve el lenguaje a su fuente originaria.[19]

La tesis de Borges es interesante porque otorga a la literatura la posibilidad o la función de profundizar en la experiencia humana de la realidad. Cercano a Reyes en la medida en que le reconoce la capacidad de nombrar una cierta experiencia originaria, Borges lleva esa idea a un máximo de realismo, afirmando la "verdad" de la experiencia original del lenguaje. La poesía, así, no se ocupa de ficciones, sino de situar al ser humano en una nueva relación con el mundo desde la recuperación de la carga semántica del lenguaje. Que en el medio la imaginación y la fantasía operen como detonadores de esa transformación no convierte a la literatura en una disciplina ocupada con ficciones. Ahora bien, es cierto que en Borges esto tiene también una mera función estética, y pocos autores han llevado el esteticismo a tan alta expresión como el escritor argentino. Efectivamente, la finalidad de sus relatos, como veremos más adelante, no es sino la exploración de temas metafísicos en clave de mero espectáculo y goce intelectual. Mas sin embargo, la tesis borgiana sobre el papel de la poesía y el lenguaje los emparenta con la filosofía en la medida en que buscan conducir al ser humano hacia una relación más originaria con su mundo y consigo mismo.

Examinemos, por último, una tesis de Octavio Paz. En *El arco y la lira* sostiene que "la poesía es conocimiento, salvación, poder, abandono. Operación capaz de cambiar al mundo, la actividad poética es revolucionaria por naturaleza; ejercicio espiritual, es un método de liberación interior".[20] Paz entiende la función

---

19 *Ibid.*, p. 100.

20 Octavio Paz, *El arco y la lira*, México, Fondo de Cultura Económica, 2003, p. 13.

de la poesía como liberadora para el ser humano. Conocimiento, salvación, poder y abandono. La poesía tiene las posibilidades de cambiar al mundo, pero si lo hace es porque cambia principalmente al sujeto. Lo libera interiormente. Para Paz, pues, la poesía no es pura estética, sino que es una actividad performativa, transformadora para quien la ejecuta y quien la produce, y también para quien la goza. Aquí la estética ha dejado de ser mero espectáculo para convertirse en transformación antropológica, en una cierta forma de la acción, en una manera de perseguir y de buscar el sentido de la existencia y de la libertad. Esta idea será desarrollada más adelante, por ahora sólo me interesa notar la relación de la tesis de Paz con el problema puesto sobre la mesa por Reyes y Borges: ¿qué función tiene la literatura respecto del mundo? ¿De qué clase de nombrar se trata? Ambos escritores asignaron a la literatura la función de recuperar una cierta experiencia de la realidad a través de la vuelta al sentido original de las palabras que nombran mundo, o bien a través de su capacidad de catacresis, con la que podría nombrar lo que normalmente existe sin un nombre y, por lo tanto, sin constituirse parte de la vida del ser humano. Si preguntamos sobre esta idea a Paz, él responde: "La palabra no es idéntica a la realidad que nombra porque entre el hombre y las cosas –y, más hondamente, entre el hombre y su ser– se interpone la conciencia de sí. La palabra es un puente mediante el cual el hombre trata de salvar la distancia que lo separa de la realidad exterior".[21]

La tesis de Paz es mucho más moderna que las de Reyes y Borges. La presencia del sujeto en la experiencia poética está plenamente tematizada, especialmente en su apertura como un elemento central de la relación que tiene el lenguaje con el mundo. Su presencia es mucho más que el mero depósito del lenguaje o el catalizador que nombra la realidad, Paz afirma que en ella se exhibe un drama humano que tiene que ver con la salvación y con la liberación interior. La literatura se torna aquí en una búsqueda existencial que quiere reconciliar el triángulo que sitúa al ser humano en relación con el mundo y con la Vida; con el mundo bajo la forma de la distancia y con la Vida bajo la forma de la intimidad. Así, Paz prosigue: "Esa distancia forma parte de la naturaleza humana. Para disolverla, el hombre debe renunciar a su humanidad, ya sea regresando al mundo natural, ya trascendiendo las limitaciones que su condición le impone".[22] La humanidad del ser humano le impone una distancia con el mundo natural. No se trata ya solamente de que el ser humano nombre el mundo o de que nombre lo innominable, sino de que se nom-

---

21   *Ibid.*, pp. 35-36.

22   *Idem.*

bre a sí mismo y se posicione de alguna forma en relación con las dimensiones ontológicas fundamentales: mundo y Vida.

Es aquí en donde la exclusividad estética de la literatura, defendida por Reyes y por Borges –y por la mayoría de los artistas posteriores al romanticismo, así como por grandes críticos como Harold Bloom–[23] adquiere una nueva dimensión. La experiencia estética, y especialmente la experiencia de la belleza, puede perseguirse por mor de sí porque ella es ya una elevación hacia las alturas espirituales que el hombre anhela en su profundidad interior. Esa belleza, platónicamente entendida, es también el bien y la verdad que el corazón humano anhela desde su situación inmemorial pues, como sostiene García-Baró, "un hombre al que no le gusta el mundo en su belleza hasta el punto de no intentar sublimarla jamás, una vez que se ha detenido a contemplarla y a recordar quién es él mismo, es más una bestia que un ser humano, porque carece de todo amor".[24] El quehacer artístico es así una forma de responder al drama de la libertad que, situada en un mundo, enamorada, quiere participar de la creatividad y del devenir de las cosas. Es comprensible que, entonces, la creación artística sea entendida como una cristalización o como la encarnación de una hipótesis de sentido sobre el bien, la verdad y la belleza. Aun cuando en el artista haya un mero afán esteticista, ese afán será su apuesta personal, su propia hipótesis sobre el modo como el ser humano debe situarse en el mundo y en la Vida.

No busco defender aquí un moralismo conservador sobre el arte, como si su función moralizadora estuviera por encima de su sentido estético, sino que sostengo que la persecución del sentido estético coincide con la persecución del sentido último del bien que el ser humano anhela, aunque a veces esa persecución tenga como momentos en su camino un arte que no persigue exactamente lo que llamamos belleza o lo que llamamos bien.

La literatura, como las otras formas del arte, es una exploración existencial del artista, que busca en su obra y a partir del lenguaje reformular el mundo y reformularse a sí mismo. En cierto modo, lo que busca es también salvarse a sí mismo, como lo describe Octavio Paz. Aquí, en concreto "salvación" quiere decir la reconciliación de la libertad y el deseo inquieto con el mundo que comparece roto y con el misterio de la Vida: la palabra está ahí, dice Paz, para establecer un puente con "la otra orilla".[25] Sé de sobra que estas ideas pueden resultarle extrañas a un crea-

---

23   Cfr. Harold Bloom, *El canon occidental*, Damián Alou (trad.), Barcelona, Anagrama, 1995, pp. 27-28.

24   Miguel García-Baró, *De estética y mística*, p. 21.

25   "Libremente, pero también empujados, arrastrados por un abismo que los llama, en un instante es que todos los instantes se despeñan. Aunque sus actos son el fruto de una decisión al mismo tiempo instantánea e irrevocable, el poeta nos los presenta habitados por otras fuerzas, desaforados,

dor literario, y que, en buena medida –quizá en gran medida más bien–, mueva a los sencillos a la risa y a los amargados a la irritación, pero las proposiciones aquí enunciadas no pertenecen tanto a una teoría estética como a la posible traza de una futura antropología del arte y del quehacer artístico.

A diferencia de la filosofía, la literatura, y en especial el arte narrativo, se enfoca en la representación de singularidades. Su tarea consiste en el retrato de las vidas de personajes únicos como Hamlet, Don Quijote, Sancho o Aquiles, seres individuales situados en un momento y en un contexto espacial determinado y concreto. La literatura narrativa se encuentra así intrínsecamente ligada al tiempo y la historia, y su propósito fundamental radica en narrar acontecimientos que giran en torno al tema central de la libertad. Especialmente la novela moderna resulta ser por ello cautivadora, pues permite al lector ver cómo el protagonista se apropia del mundo a través de su acción, tomando decisiones que determinarán su destino y reaccionando de diversas maneras ante las circunstancias que se le presentan. Sin duda que no toda narrativa funciona de esa manera. Incluso las rupturas del modernismo, como es el caso del *Ulises* de Joyce o algunos relatos estrafalarios de Julio Cortázar, dependen en cierto modo de que una conciencia subjetiva esté situada en el mundo y, a través de una trama tejida por el tiempo, se vea transformada por sí misma o por lo que le acontece de manera pasiva.

La literatura narrativa contribuye a la comprensión de la existencia humana como una suerte de aventura, en la cual los individuos se encuentran en un estado de proyección temporal, tensionados hacia el futuro y condicionados por su pasado. Ella captura, a través del retrato de las singularidades, la esencia misma de la vida, que habita el mundo bajo la forma de un drama en el que se persigue un bien que no logra del todo vislumbrarse. Por ello, a diferencia de la filosofía, que se esfuerza por evitarlo, la literatura tiende a estar impregnada de simbolismo. Con todo, en esos símbolos y en esas singularidades la literatura persigue cierta universalidad, y en eso está de acuerdo con la filosofía. Especialmente, la gran literatura no se limita a construir relatos que resuenan únicamente para algunos individuos en un momento y un lugar específicos, o a construir historias que persigan el mero entretenimiento. Sus temas y significados son atemporales y trascienden las barreras culturales, hablando a la humanidad en su conjunto a lo largo de diferentes épocas y ubicaciones geográficas.

---

salidos de madre. Están poseídos: son 'otros'. Y este ser otros consiste en un despeñarse en ellos mismos. Han dado un salto, como Enrico y Paulo. Saltos, actos que nos arrancan de este mundo y nos hacen penetrar en la otra orilla sin que sepamos a ciencia cierta si somos nosotros o lo sobrenatural quien nos lanza". Octavio Paz, *El arco y la lira*, pp. 124-125.

Es evidente que no todo el corpus literario alcanza semejante preeminencia antropológica. Ni siquiera es que toda la literatura lo busque ni que debiera hacerlo. Es un hecho que hay literatura destinada de origen, principalmente, a proporcionar esparcimiento y satisfacción al lector, ofreciendo una experiencia agradable que puede incluir narrativas de aventuras, misterio, crimen o romance. La literatura como entretenimiento no será materia de este libro. Lo será sólo en tanto que va más allá del mero relato y que consigue capturar profundas verdades antropológicas. No existe ninguna criba objetiva que permita discernir una de la otra. Pero aquellos a quienes suele llamárseles "clásicos" nos ofrecen un buen norte.

T. S. Eliot distingue entre el clásico universal y el clásico que sólo lo es relativamente a su propio contexto lingüístico o histórico, e indica que la palabra que sintetiza sus características es la de "madurez": "Un clásico –señala Eliot– sólo puede darse cuando una civilización está 'madura', cuando una lengua y una literatura están 'maduras', y debe ser la obra de una mente 'madura'".[26] Una literatura –y una lengua– está madura, de acuerdo con Eliot, cuando ha alcanzado refinamiento en la expresión, cuando es matizada y sintética, cuando no necesita recurrir a circunloquios y puede hablar de las grietas más íntimas de lo humano con un lenguaje elegante. Una literatura madura tiene una historia tras de sí que no es una mera crónica ni una superposición de destellos literarios, sino un derrotero continuado, aunque no necesariamente consciente, que ha conducido al progreso y al desarrollo de la propia lengua. Para Eliot, en un período de madurez de una lengua, la escritura se manifiesta en un estilo común y en un gusto común, por el que las individualidades destacan no por ser excéntricas u originales, sino por ser sintéticas. Así, la era que precede a una era clásica (como el Siglo de Pericles griego, el tiempo de Virgilio o el Siglo de Oro español) es tanto excéntrica como monótona. Lo segundo, porque los recursos de la lengua no han sido aún del todo explorados, y lo primero, porque no se ha forjado aún ningún estándar o baremo con el cual medir la finura del estilo. En una era que prosigue a un tiempo clásico también hay tanto excentricidad como monotonía: "Monotonía porque los recursos de la lengua han sido, para ese momento, ya agotados y excentricidad porque la originalidad empieza a valorarse más que la corrección".[27]

La madurez de la mente está asociada, como lo está con Virgilio –quien es para Eliot el modelo de lo clásico–, a una alta conciencia histórica. "Con madurez de

---

26 T. S. Eliot, "What Is a Classic?", en *On Poetry and Poets*, Nueva York, Farrar, Strauss, and Giroux, 2009, p. 54. Las traducciones de las citas de este texto de Eliot son mías.

27 *Ibid.*, p. 57.

la mente he asociado la madurez de los modos y la ausencia de provincialismo",[28] y esa ausencia de provincialismo se alcanza precisamente cuando el autor ha adquirido conciencia de su posición en la historia y en el entorno. Es precisamente ahí cuando la pluma alcanza una libertad tal que sitúa al lector de un cierto modo ante sí mismo respecto del devenir de lo histórico. Esta universalidad es debida, como lo señala Eliot, a numerosos criterios estilísticos y estéticos; y esa conciencia histórica está relacionada con el hecho de haber asumido un pasado literario y haberlo integrado en el espíritu de modo tal que puede dar forma a aquello que hay de común en todos.

Pero, así como la conciencia histórica y el sobrevuelo del provincialismo pueden afirmarse al verificar una serie de factores estéticos, esta comprensión estética exhibe un cierto esfuerzo de inmersión en aquello que otorga al lenguaje su consistencia vital; ha implicado ya comprender que la libertad humana y sus actos creadores trascienden la contingencia del mundo y apuntan hacia lo que le trasciende y lo hace posible, la Vida y su misterioso aparecer. Alcanzar esa síntesis lingüística de lo universal, sólo puede deberse a una comprensión profunda del modo como ese lenguaje particular ha adquirido su sentido en la realidad misma, en sus fuentes existenciales, es decir, en su vínculo con la Vida. Esto último, evidentemente, no son ideas de Eliot, pero una mirada filosófica al fenómeno de lo clásico en literatura deja ver que toda universalidad sólo es tal en la medida en que roza en cierto modo lo eterno, pues cumple con ciertas condiciones para trascender lo individual sin perder su propia singularidad; y si además lo hace de una manera consciente, entonces estamos ante un individuo que se ha constituido singular por reconocer en sí mismo el anhelo de belleza y de bien que está instalado inmemorialmente en su propia conciencia. Es un caso de la síntesis entre lo eterno y lo temporal.[29] Ése es precisamente el poeta que vive su oficio al modo como lo describía Paz: buscando cierta redención, sobrevolando sus condiciones naturales e históricas y reconociendo la distancia que se abre entre él y el mundo, "pues si el poeta –y ésta es la proposición central de las tesis de Eliot– puede retra-

---

28   *Ibid.*, p. 63.

29   Es interesante, a este respecto, mirar la teoría estética sobre lo universal y lo singular desarrollada por "A", el supuesto autor de "Los estadios eróticos inmediatos", en *O lo uno o lo otro*, editado por Víctor Eremita, uno de los pseudónimos creados por Kierkegaard: "Sólo donde la idea encuentra reposo y transparencia en una determinada forma, sólo allí puede hablarse de una obra clásica; pero entonces será también capaz de resistir el paso del tiempo. Esa unidad, esa transparente intimidad entre la una y la otra se da en todas las obras clásicas, y por eso se entiende fácilmente que cualquier intento de clasificar las diferentes obras clásicas partiendo de una separación de la materia y la forma, o de la idea y la forma, es *eo ipso*, errónea [...]. ¿Pero cómo se hace concreta la idea? Al ser penetrada por lo histórico". Søren Kierkegaard, *O lo uno o lo otro. Un fragmento de vida I*, Begonya Saez y Darío González (trads.), Madrid, Trotta, 2006, p. 79.

tar algo superior a las costumbres de sus contemporáneos, no es porque anticipe un código de conducta futuro o distinto, sino porque hay en él una comprensión más honda de lo que la conducta de su propio tiempo puede ser, en el mejor de los casos".[30] De este modo, el poeta es, de manera consciente o inconsciente, un profeta apocalíptico, no porque se anticipe a un porvenir sino porque en su oficio revela una hipótesis sobre el sentido último de la realidad. El poeta dice el final de los tiempos en la medida en que se aproxima a un cierto *éschaton* que no tiene por qué identificarse con un futuro cronológico, sino con el sentido más hondo, con la intimidad del propio presente. Así, cada obra literaria es, según su estatura poética y antropológica, un peldaño en el ascenso hacia la verdad de lo humano y de su relación con el mundo y con la Vida.

Las notas aquí descritas sobre lo que constituye a una obra como clásica no son, sin embargo, compartidas por la totalidad de los críticos ni un piso completamente común. Un escritor de la estatura de Borges, y que conocía plenamente las tesis de Eliot, se mostraba profundamente reticente a establecer criterios objetivos para discernir lo que hace que un clásico sea tal. "Clásico –decía el escritor argentino– es aquel libro que una nación o un grupo de naciones o el largo tiempo han decidido leer como si en sus páginas todo fuera deliberado, fatal, profundo como el cosmos y capaz de interpretaciones sin términos. Previsiblemente, esas decisiones varían".[31] En esta definición destaca el acto voluntario de la decisión –de una nación o de un grupo de ellas–, frente a las características más o menos objetivas que Eliot se ha esforzado en trazar.

Personalmente, no creo que haga falta optar definitivamente por una o por otra visión. La literatura es un mundo abierto, y creo que es bueno que así sea. Sostener ambos criterios es útil, no para moverse a conveniencia, sino para no violentar ninguna experiencia de lectura. Cada lector está habitado por una interioridad inabarcable. Sólo Dios sabe realmente lo que ocurre cuando alguien se enfrenta a un libro y ha sido habitado por él. Ni siquiera Freud podría describir las distintas capas de sentido, psicológicas y espirituales, que puede remover un poema en una persona. Así, de hecho, continúa el argumento de Borges: "Las emociones que la literatura suscita son quizá eternas, pero los medios deben constantemente variar, siquiera de un modo levísimo, para no perder su virtud. Se gastan a medida que los reconoce el lector. De ahí el peligro de afirmar que existen obras clásicas y que lo serán para siempre".[32] Es cierto que el medio puede cambiar a lo largo de la historia y que, en

---

30 T. S. Eliot, "What Is a Classic?", p. 63.

31 Jorge Luis Borges, "Sobre los clásicos", en *Nueva antología personal*, México, Siglo XXI, 2000, p. 225.

32 *Ibid.*, p. 226.

tanto que está imbuida de retórica, la literatura se recibe siempre desde el lugar histórico en el que el lector se encuentra. Sin embargo, tengo para mí que la literatura no se trata solamente de emociones, es decir, de reacciones involuntarias que, por más que puedan ponernos en contacto con ciertos valores, no anclan necesariamente en la verdad. La literatura, como cualquier otro arte, puede elevar el espíritu hacia ella y hacia el Bien, y ser así una forma de exploración existencial genuina, tanto para el escritor como para el lector, que disponga a la libertad del ser humano al acontecimiento de la Vida de modos más altos que los sentimientos –aunque sin excluirlos tampoco a ellos– o el goce estético considerado de manera aislada.

Por ello, en este libro ofrezco la lectura de algunos relatos de autores que podrían ser considerados clásicos de la literatura contemporánea; bajo el criterio de Eliot o bajo el criterio de Borges es asunto de segunda importancia. Quizá ninguno de los escritores aquí comentados alcance la estatura de Dante, la de Cervantes o la de Virgilio, pero sin duda que todos son en su lengua y en su contexto autores de referencia que han sobrevolado su propia individualidad y han trascendido su tiempo; no solamente por sus cualidades narrativas y lingüísticas, sino por sus incursiones en el espíritu humano y lo que de él pueden revelarnos en sus narrativas.

4. La aventura: enigma, problema, misterio

El tema general de este libro es la existencia humana y la aventura que tiene lugar sobre la trama constituida por la Vida y el mundo, por sus confusiones y sus reveses. La noción de "trama" es aquí especialmente importante. Sirve para designar el contexto o la dimensión existencial sobre la que el viviente realiza su vida y se aventura al encuentro con la Vida en el interior del mundo. Por un lado, "trama" se refiere al conjunto de hilos que, junto con la urdimbre, conforman una tela. Es la estructura interna de una superficie flexible. Pero también quiere decir la disposición o el orden de acontecimientos y de sucesos que constituyen un drama. Así, la trama es lo que esos hilos van "tramando" a través del tiempo, bajo la forma de una aventura en cuyo centro está la libertad. Las tramas del sujeto están entreveradas de enigmas, problemas y misterios, que se viven siempre desde la ambigüedad y desde el riesgo que el mal introduce para el malogro o el olvido de la Vida.

Veamos esto con mayor detenimiento: el dinamismo de la libertad adquiere la forma de una aventura por una ambigüedad doble. La primera, ya señalada, es la ambigüedad del modo como comparecen al sujeto Vida y mundo. El ser humano las confunde y las mezcla, no sólo por la invisibilidad objetiva de la Vida, sino también por el poder seductor del mundo. La segunda ambigüedad es la propia del porvenir hacia el que está dirigida la existencia. Efectivamente, la libertad es generalmente libertad *per praesentem ad futurm*: cada día el viviente ha de dirigirse al futuro y realizarse y actuar y vivir en dirección a él. Vladimir Jankélévitch lo ha descrito muy bien al señalar que hay una mezcla paradójica sobre el futuro que conjunta la certeza absoluta del *an sit* y la completa ignorancia del *quid sit*. ¿Habrá un futuro (*an sit*)? Sí. ¿Qué futuro será (*quid sit*)? Nadie puede saberlo.

De este modo, entre la certeza de que habrá un porvenir y la incertidumbre sobre su contenido, se entrecruzan una serie de fuerzas contrarias, especialmente dos: "La implicación ética y el distanciamiento estético son los dos polos entre los cuales transcurren las aventuras. El hombre aventuroso es a la vez exterior al drama, como el *actor*, e interior a ese drama, como el *agente* incluido en el misterio de su propio destino".[33] Ética y estética entran en juego en la medida en que ese futuro es el futuro hacia el que va la libertad, pero también el futuro que adviene a ella. El futuro está en nuestras manos y el futuro llega a ellas de manera irrefutable.

Así, se constituye la implicación ética, que dota a la aventura de una seriedad irreparable. Hay algo que está verdaderamente en juego y que tiene que ver, como lo señalaba Paz, con mi propia salvación, con el malogro de mi vida, con el bien y con el mal, con la posibilidad de dañar a otros y con la inevitabilidad de que habrá dolor. Pero también se constituye un distanciamiento estético, que dota a la aventura de un gozo lúdico, de un placer que, trascendiendo lo sensual, permite a la libertad superar las condiciones de mundo en las que se ve inserta. Se trata de un gozo libre, de la posibilidad de la risa incluso, habilitada por el vislumbre de un horizonte que se sustrae a ser insertado en la lógica de la causalidad y la necesidad. El hombre puede reírse de sí mismo y mirarse a la distancia.

Cuando la implicación ética domina, la aventura puede tornarse verdaderamente trágica. La aventura es, en ese caso, mortal. Incluso podría dejar de ser aventura, en la medida en que no hay espacio para el sujeto de gozar y de liberarse de las presiones de su entorno y de las vicisitudes de aquello que le rodea. Está determinado por la muerte que, patente, tira por tierra toda posibilidad de separación y de trascendencia. El sujeto estaría preso en el mundo. Cuando el distanciamiento estético domina, la aventura se torna en comedia. Su centro no es ya la muerte, sino sólo la belleza, y estaríamos ante el esteticismo que ha dominado el arte desde el romanticismo. Si el distanciamiento se vuelve radical, la libertad es una farsa y la aventura pierde su sentido: nada se estaría realmente viviendo y el tiempo no estaría realmente pasando por el espíritu del ser humano que, dominado por la risa, sobrevolaría la realidad sin ser por ella tocado. La pura comedia, el

---

33   Vladimir Jankélévitch, *La aventura, el aburrimiento, lo serio*, Elena Benarroch (trad.), Madrid, Taurus, 1989.

mero esteticismo, es propio del burgués y, como Bloy nos ha enseñado, el burgués se ahorcó en las Tinieblas de la Hora Sexta.[34]

De este modo, la libertad vive en una constante tensión entre lo trágico y lo cómico, entre lo ético y lo estético; una tensión que, al asumirse como el dinamismo de su despliegue, Jankélévitch llamaba "lo amoroso": "¿Qué decir, ahora, del amor? ¿El hombre está dentro o fuera? ¡Aquí ya no podemos contestar! Aquí el juego y lo serio se mezclan de un modo tan inextricable y en combinaciones tan paradójicas, que se hace casi imposible determinar la posología del complejo y disipar el equívoco".[35] En la aventura amorosa el viviente sabe que está plenamente implicado, pero también se experimenta en cierto modo liberado de esa implicación, pues el futuro se presenta como prometedor y como amenazante sin estar del todo en sus manos, ¡aunque de algún modo también está en sus manos! La alteridad asume aquí un nuevo rol, pues el viviente enamorado, el que asume para sí mismo el riesgo total y la distancia total, sabe que no todo está en sus manos y que no puede sino intentar vivir y arriesgar una hipótesis sobre el Bien, pero con la conciencia de que no todo depende de sí mismo, pues será ese mismo Bien el que se encargará de quitarle todo protagonismo. Así, "marcada por la vertiginosa inminencia o regida por la frenética urgencia, la aventura amorosa tiende a recrear una segunda vida dentro de la vida, una vida intensa y ferviente, una vida realmente vivida que es como una síntesis ejemplar de la vida real".[36]

Por eso, quizá no haya marco más adecuado para comprender esta trama que el modo como Gabriel Marcel describió las posibilidades desde las que se puede presentar la vida: la diferencia entre un problema y un misterio. Ambos son modos bajo los cuales se revela la Vida al viviente, ya porque ella misma así se encarne en el mundo, ya porque el viviente en su libertad la constituya de esa manera desde su voluntad y desde su razón. La Vida se entrega al ser humano de una forma invisible, y éste sólo puede recibirla desde las disposiciones que en el mundo constituyen para él una posibilidad. Su carne, su dolor, sus necesidades, sus anhelos, sus fantasías e ilusiones, todo ello forma parte del entramado desde el cual recibe el viviente la Vida, pero no como lo que preceda a su venida, sino como lo que es creado por ella para que pueda recibirse. De este modo, lo que está en la base de la

---

34   "SOL COGNOVIT OCCASUM SUUM. '¿Eres tú, Señor? ¿Eres tú, por fin?', pregunta el ladrón en la cruz. 'En verdad, en verdad te digo, que hoy estarás conmigo en el Paraíso', responde la Luz del mundo crucificada. Esto ocurría en las Tinieblas de la Hora Sexta y el burgués se había *ahorcado* cuando todavía era de día". Léon Bloy, *Exégesis de los lugares comunes*, Manuel Arranz (trad.), Madrid, Acantilado, 2007, pp. 201-202.

35   Vladimir Jankélévitch, *La aventura, el aburrimiento, lo serio*, p. 29.

36   *Ibid.*, p. 35.

aventura es principalmente el enigma que viene a mí cuando comienza a despertar mi subjetividad individual.

Efectivamente, para articular adecuadamente las nociones de problema y de misterio, hay que afirmar primeramente el enigma como la primera trama del sujeto, como la primera urdimbre sobre la que acontece la Vida en medio del mundo. Cada ser humano es un enigma para sí mismo en tanto que su libertad está situada en un punto mirando a un horizonte que él mismo no puede determinar. Así, la vida del ser humano no puede ser resuelta desde esquemas prefijados ni desde conceptos generales. Las ideas abstractas o las definiciones generales, especialmente la fórmula "especie humana", resultan absolutamente precarias para comprendernos y para resolver el enigma. No hay prácticamente nada en la descripción del *Homo sapiens* que ayude al ser humano a afrontar su vocación personal.

Así describe Miguel García-Baró la situación fundamentalmente enigmática de la existencia humana:

> Lo que se nos revela de improviso en esta experiencia o en esta cadena de experiencias es lo que *in nuce et in ænigmate* significan ser y nada, muerte y existencia, tiempo, verdad y apariencia, bien y mal, angustia y esperanza, sentido y aporía. Nos volvemos, más o menos rápidamente, una pura pregunta.[37]

La existencia paradójica no puede ya negarse más, y ahí el enigma es solamente uno: ¿qué hago en esta vida que me ha sido dada sin siquiera haberlo pedido? "¿Qué es lo que quiero decirte, Señor, sino que no sé de dónde he venido aquí, a ésta que llamo vida mortal o muerte vital? No lo sé",[38] exclamaba san Agustín de Hipona.

El enigma es el primer cuestionamiento no objetivo que adviene al viviente. Lo que está puesto en cuestión es él mismo y no ya una realidad del mundo, que también comparece ahora enigma: ¿qué es este mundo, que no soy yo? ¿Y quién soy yo, que no soy tampoco el mundo? Y así la Vida empieza a asomarse como un recubrimiento que transforma el mundo que, antes puro sentido o apariencia de sentido, ahora deviene pregunta: las cosas no son ya meras cosas, sino que se tornan símbolo. El mundo, que es ahora él mismo un enigma que trasciende su estatuto de mero objeto, tampoco cifra en sí mismo hacia dónde apunta y qué anuncia o qué podría en él revelarse. El viviente se siente ahora atraído, imantado

---

37 Miguel García-Baró, *De estética y mística*, p. 32.

38 Agustín de Hipona, *Confesiones*, I, 6, 7.

por el mundo, pero precisamente porque ese régimen topológico está queriendo salir de sí y anuncia algo más, pero no se sabe exactamente qué ni por qué ni para qué. Ahora, en el enigma, *lo que hay* no es suficiente para decir la experiencia que el sujeto tiene de sí.

> Llevo, pues, en mí mismo –afirma García-Baró–, en la profundidad de un silencio mío que no puedo comparar ni con los abismos del mar, la cifra, la clave desconocida de este dolor: una clave que por principio es extraña a la Totalidad del mundo y de la existencia en el mundo. La respuesta al Enigma se encuentra del lado de acá, en esta vertiente ante la que fluye el mundo: en mí. Y en mí esta respuesta es más bien un silencioso ímpetu que hace saltar desde el principio mis preguntas tan lejos que, con el primer brinco, han dejado atrás los límites de la totalidad de cuanto no soy yo mismo.[39]

Y es que es la Vida lo que llevo en mí mismo, aquello que empuja desde el fondo de mi ser poniéndome inquieto y haciéndome desear algo que no sé exactamente qué es. La Vida, *interior intimo meo et superior summo meo*,[40] horada mi estatuto de cosa para convertirme en un individuo viviente que rechaza la satisfacción que cualquier realidad mundana me provee. Por eso hay enigma: porque hay algo que quiero, y puedo barruntar qué puede ser, pero que no veo nunca, y toda prueba de ello termina por convertirse en realidad provisional. Los relatos de Jorge Luis Borges y Edgar Allan Poe nos ayudarán a comprender la fundamental dimensión de "enigma" que tiene la existencia humana.

Ante este enigma, el sujeto viviente puede encontrarse con problemas –o formular el enigma bajo la cifra del problema–, o puede verse envuelto en verdaderos misterios –o formular el enigma desde la presencia del misterio–. Un problema se presenta como un obstáculo que se interpone en el camino del individuo, como una especie de objeto que interfiere con la intención de atravesar un sendero y que requiere ser solventado, sorteado o superado. Dentro de la palabra "problema" habita el verbo griego *bállein*, que significa lanzar o arrojar hacia adelante. Tener un problema es como encontrar una roca en medio de un camino y estar forzado a decidir si se debe remover o sortear para proseguir o si se debe emprender el camino de vuelta.

Un problema, por naturaleza, demanda una solución, y la sola posibilidad de encontrarla implica una relación con él que pone al sujeto en la posibilidad de abordar-

---

39   Miguel García-Baró, *Del dolor, la verdad y el bien*, pp. 80-81.

40   Agustín de Hipona, *Confesiones*, III, 6, 11.

lo gradualmente, sometiéndolo a un proceso de análisis, comprensión y evaluación desde distintos ángulos. "Un problema es algo con lo que me enfrento, algo que encuentro por entero ante mí, que lo mismo puedo cercar y reducir".[41] Esta capacidad de enfoque se debe al carácter objetual del problema, lo cual implica que se trata de una cuestión que no guarda una relación intrínseca con el individuo, sino que se encuentra ante él como una interferencia que afecta la consecución de sus metas. El problema es objeto, y la relación del viviente con él es también objetiva, pues éste ha de asumirse a sí mismo también como ente objetivo del mundo para poder afrontarlo y resolverlo o disolverlo.

Un problema se presenta como una obstrucción que precisa ser eliminada para permitir que los objetivos individuales se materialicen. Tales problemas pueden incluir asuntos cotidianos como la búsqueda de mayores ingresos para adquirir un nuevo automóvil, construir un puente, hacer la compra, la solicitud de mejoras en la infraestructura vial al gobierno, la obtención de empleo o el tratamiento de una enfermedad que limita las actividades diarias debido al dolor. Abordar estos problemas implica la aplicación de técnicas específicas y el seguimiento de procedimientos predefinidos.

Los problemas habitualmente surgen en el contexto de condiciones objetivas del entorno. Tomemos, por ejemplo, el caso de un ciclista que se plantea el desafío de trasladarse a una montaña ubicada en un punto remoto desde la posición actual que ocupa en una colina. El problema ha sido elegido voluntariamente por él, responde a su propia elección y a su deseo. Ha de hacerse varias preguntas, que incluyen la identificación de la ruta más eficiente, la anticipación de obstáculos a sortear, la provisión de recursos como agua y kits de reparación para las llantas en caso de ponchaduras, la selección de una bicicleta apropiada y, finalmente, el desafío de transportarse con el esfuerzo de sus músculos desde su punto de partida hasta su destino. Estos son todos problemas que exigen soluciones técnicas y herramientas que abarcan campos como las matemáticas, la geografía, la economía, la aptitud física, la planificación preventiva y la asistencia médica primaria, entre otros.

Los problemas están intrínsecamente enlazados con las dimensiones espacio-temporales del estado de cosas y de la situación en la que surgen. Su existencia no sólo se manifiesta en el espacio y en el tiempo, sino que está por ellos determinada. Por eso su naturaleza es objetiva, lo que implica que, en la mayoría de los casos, son o bien situaciones concretas o, al menos, elementos puntuales que pueden ser abordados desde un enfoque objetivo. De hecho, esta objetividad es tan prominente que, cuando se logra resolver un problema y se presenta nuevamente

---

41 Gabriel Marcel, *Ser y tener*, Ana María Sánchez (trad.), Madrid, Caparrós Editores, 2003, p. 109.

una situación análoga, es factible aplicar una solución previamente utilizada, en caso de que las condiciones sean similares; "cuando me enfrento a un problema –señala Marcel– trato de descubrir una solución que deviene bien común, y que por tanto puede volver a ser descubierta por cualquiera".[42] Kafka y Elizondo serán los autores que nos guíen en la comprensión de la existencia bajo el ámbito del problema.

Ahora bien, ¿qué constituye un misterio? A diferencia de un problema, en el contexto de un misterio el sujeto viviente se encuentra intrínsecamente comprometido, lo involucra en el núcleo de su libertad y lo interpela a tomar posición de una manera tal que cualquier capacidad técnica concebible es inadecuada para entablar una relación él. Un misterio no pide solución, ni ser disuelto o eliminado. Tampoco es susceptible de ser abordado mediante el razonamiento científico, calculador u objetivante. Un misterio pide ser reconocido, y su reconocimiento no es asunto sencillo: "Un misterio es algo en lo que yo mismo estoy comprometido y que, en consecuencia, no es pensable sino como *una esfera en la que la distinción del en mí y del ante mí pierde su significado y su valor inicial*".[43] El reconocimiento del misterio supone no solamente mirarlo o aceptarlo, sino estar en condiciones de hacerlo, como el discípulo que describe Johannes Climacus, que sólo puede recibir la lección del maestro si éste le da a él la disposición para convertirse en discípulo: "La condición para comprender la verdad es la misma que para poder interrogar sobre ella: condición y pregunta implican lo condicionado y la respuesta (si no fuera así, el instante sólo podría interpretarse socráticamente)".[44] Por ello, el misterio no se reconoce como se reconoce la flor que origina el aroma, como se distingue un cúmulo de un nimbo o como se separan los residuos reciclables de los que van a la composta, sino que se acepta bajo la forma de la conversión y la transformación: el sujeto ha de renunciar a sus prerrogativas propias para que sea el propio misterio el que configure su manera de acogerlo. Esto necesita, como es de suponer, un movimiento especial de la razón, según el cual ésta reconozca uno de sus rostros ordinariamente ocultos: su capacidad de ser vulnerada.

---

42   Gabriel Marcel, *El misterio del ser*, p. 192.

43   Gabriel Marcel, *Ser y tener*, p. 109.

44   Søren Kierkegaard, *Migajas filosóficas o un poco de filosofía*, Rafael Larrañeta (trad.), Madrid, Trotta, 2001, p. 31. Y luego el texto continúa inmediatamente: "Pero quien da al discípulo no meramente la verdad, sino incluso la condición, no es un maestro. Toda enseñanza se funda, en definitiva, en que la condición esté presente. Faltando ésta, nada puede un maestro, porque en ese supuesto el maestro no tendría que transformar al discípulo, sino recrearlo antes de comenzar a enseñarle. Y eso no es posible a hombre alguno. Si pudiera acontecer, tendría que ser obra de Dios mismo".

San Agustín atribuía a la noción de *verbum*, que significa precisamente "razón", la raíz etimológica de *verberatio*,[45] herida: la razón permite al alma entender y comprender la realidad precisamente porque puede ser golpeada, herida, lastimada por esa realidad y así recibir su impresión y su firma. Los seres racionales son precisamente aquellos que pueden ser perforados por la realidad y sufrir así una transformación. La razón, entonces, no es solamente una capacidad positiva y activa del alma, sino una pasividad por la que el alma puede ser "herida" y, eventualmente, convertida al Bien.

La razón y su reconocimiento total, es decir, su constitución como una pasividad y no solamente como una actividad, forma parte del itinerario hacia el reconocimiento del misterio. Un ejemplo paradigmático de ello es la paternidad. En ella, el advenimiento del hijo se revela como un misterio en sí mismo, aunque la nueva realidad pueda traer aparejada una serie de problemas antes inexistentes. El hijo es un ser humano, y por lo tanto existe como una entidad objetiva en relación con el padre, pero la relación que se establece entre ellos y la manera en que su presencia modifica la vida del progenitor comprometen a éste de manera altísimamente profunda, mucho más allá que solamente como alguien que ha engendrado. El padre se encuentra completamente implicado en esa relación, y su libertad, en lugar de estar orientada exclusivamente hacia la resolución de cuestiones externas, se ve desafiada e interpelada. Evidentemente, el padre estará ahora envuelto en una serie de cuestiones problemáticas, que tienen que ver con el nuevo estado de cosas objetivo, pero si el padre no se apropia de su hijo espiritualmente, y no lo adopta como suyo hasta verse a sí mismo transformado, la paternidad quedará trunca, e incluso en casos extremos podría disolverse. La mera biología no constituye paternidad.

El término "misterio" a menudo se emplea para hacer referencia a lo que no es plenamente comprensible, a problemas no resueltos o a realidades a las que no podemos acceder intelectualmente. La raíz etimológica de la palabra "misterio" proviene del griego y significa "oculto". Esta asociación se justifica en el hecho de que hay realidades que pueden considerarse misteriosas no porque sean inherentemente inaccesibles, sino debido a que, al carecer de una naturaleza completamente objetiva, resultan difíciles de definir con precisión y son invisibles a los ojos. Pero la noción que Marcel nos propone de misterio no se refiere a realidades ignotas, sino a sentidos sobreabundantes que pueden ser comprensibles siempre y cuando la inteligencia sepa que el universo de la libertad no es propiamente ob-

---

45 Cfr. Agustín de Hipona, *Principios de dialéctica*, Felipe Castañeda (trad.), Santiago, Chile, Universidad de los Andes, 2003, 6; "El maestro", en *Obras completas III*, Manuel Martínez O. S. A. (trad.), Madrid, Biblioteca de Autores Cristianos, 2009, V, 12.

jetivo, y que la Vida se da al viviente bajo categorías que no pueden considerarse como cosas.

Consideremos, por ejemplo, la amistad, una realidad que no puede ser comprendida a cabalidad si no es bajo su forma de misterio. En ninguna amistad hay un momento objetivo y claro que marque su inicio. Su desarrollo tampoco puede ser determinado mediante una medición objetiva. No es posible establecer un momento específico en el tiempo en el que una persona se convierte en amiga de otra. La amistad no puede ser fijada con exactitud en un día, una hora o un minuto particulares, ya que se trata de una realidad en la que uno se encuentra envuelto de manera imperceptible, sin que haya un punto de partida claramente definido. "Mientras un problema auténtico puede ser sometido a cierta técnica apropiada en función de la cual se define, un misterio transciende por definición toda técnica posible".[46] No existen técnicas para la amistad ni técnicas para la paternidad, aunque a veces esas relaciones impliquen cuestiones y situaciones que se acercan a las realidades problemáticas.

La distinción fundamental entre un problema y un misterio radica en que un problema puede ser tratado como algo objetivo y concreto, susceptible de resolución; mientras que un misterio, como el caso de la paternidad, el amor o la religión, aunque también el dolor y el mal, siempre interpela directamente al individuo y a su libertad; invita al viviente a comprometerse plenamente y a poner en juego su propia existencia, lo que subraya el carácter espiritual y profundamente personal del misterio. "Sin duda –afirma Marcel–, siempre es posible (lógica y psicológicamente) degradar un misterio para convertirlo en problema; tal procedimiento es profundamente vicioso y su origen debería ser buscado tal vez en una especie de corrupción de la inteligencia. Lo que los filósofos han llamado el problema del mal nos proporciona un ejemplo particularmente instructivo de esta degradación".[47] La libertad, incardinada en el mundo, no sólo confunde a éste con la Vida, sino que además tiende a reducirla a ella al carácter de aquél. Reducir la Vida al mundo y a su carácter de objeto es un declive al que constantemente está tentada la libertad. Situada en la topología, la existencia del ser humano guarda resistencias para afirmar la libertad que activamente busca pero que confunde con la voluntad, con la autonomía y con la realización de un proyecto bajo el carácter del mundo. Igualmente,

---

46   Gabriel Marcel, *Ser y tener*, p. 109.

47   *Idem.*

la reducción del misterio a su carácter de problema y a su dimensión de objeto es una muestra de la ambigüedad y de la tentación a la que está sometido constantemente el viviente. G. K. Chesterton nos acompañará en este libro para establecer el advenimiento de la razón y su vulnerabilidad. Los autores que, en cambio, nos pondrán en posición de hablar del misterio serán James Joyce y Léon Bloy.

Capítulo I

El enigma como matriz

βλέπομεν γὰρ ἄρτι δι'ἐσόπτρου ἐν αἰνίγματι.

1 Cor 13:12

A primera vista parecería que un enigma está entre un problema y un misterio. En cierto modo, así es: alguna parte de él está oculta y por eso parece un misterio. Sin embargo, su dimensión visible está en franca vinculación con el mundo y puede tener apariencia de cosa, por lo que parecería un problema. Pero las apariencias engañan.

El enigma es un cuestionamiento que debe ser descifrado. No es el arcano cuyo significado sea exclusivo de sacerdotes y gnósticos, aunque algo de eso hay en él; pero tampoco es solamente un acertijo o una adivinanza. No lo es porque, a diferencia del acertijo, el enigma sí que me involucra a mí, pero no me interpela lo suficiente ni involucra mi libertad hasta el punto de poder llamarlo misterio.

El enigma *tout court* ocurre principal y esencialmente dentro del ámbito del lenguaje. Suele tener coordenadas de cifra y de código, de palabra y de semántica. Sin duda que el yo está involucrado en él, pues de otro modo el enigma no sería enigmático; pero tampoco pide al sujeto una exposición abierta de sí, ni un recogimiento ascético, ni a la libertad ponerse en riesgo de muerte. Por ello, la trama matriz sobre la cual se revela la Vida, y desde la cual y por la cual puede el viviente confundirla con el mundo, tiene la estructura del enigma: es el viviente mismo lo que se torna una *quaestio* enigmática.

La existencia humana, la libertad, recibe en un principio la Vida sin verla, pero en un cierto momento de su historia vive una torsión que le oculta el otrora diáfano rostro. Es la Vida misma revelándose, pero ese desvelamiento transforma al sujeto de forma que ya no puede vivirse y comprenderse como lo hacía antes. Se torna, se tuerce, para sí un enigma bajo la forma del oscurecimiento del sentido. Sobre el enigma escribe Miguel García-Baró: "La experiencia primordial contiene el ingrediente de que quien la hace y permite que su eco resuene lo suficiente en él, deja de saber qué es lo que más desea"[1] y, en otra de sus obras

> hemos descubierto todos que no entendemos con precisión qué es esto de estar viviendo. Hemos sabido que inexorablemente nuestro modo de ser actual terminará; pero lo importante no es, en absoluto, que nos haya dado mucha o poca pena esta noticia. Lo importante es que no hemos tampoco podido entender de ninguna manera qué significa que la vida actual se nos acabe.[2]

El conocimiento del dolor es el principio del conocimiento de la muerte, y esa muerte tuerce al sujeto de modo que ahora el sentido se vuelve enigmático: él mismo lo es. Hay acontecimientos que nos revelan la muerte y, con ella, nos revelan también una nueva profundidad de la vida, pero bajo la cifra de lo que no se comprende del todo. No es que el sentido haya desaparecido y que ahora la muerte y la nada determinen el tiempo, sino que lo que era respuesta ahora es pregunta.

Si antes todo aparecía cumpliendo un sentido y anunciando más sentido, ahora la libertad se encuentra en ascuas, pues se ha vuelto para sí misma una oscuridad que invita a ser aclarada. En esa oscuridad, un cierto velo estético puede tenderse sobre el viviente, en la medida en que una extraña atracción y seducción cae sobre sí descubriendo su apertura y quedando completamente fascinado por ella. Si bien el carácter de enigma puede provocar en la libertad un inmenso temor, también puede ser máximamente atrayente, y en él podría la libertad quedarse suspendida por años y por décadas.

Este nuevo rostro de símbolo oscuro que cae sobre la libertad va cayendo también sobre la realidad entera y sobre realidades puntuales que, sin ser necesariamente o en sí mismas enigmáticas comienzan a verse y a constituirse tales. Así, la amistad que era lucidez, claridad y gozo, ahora es sombra y su sentido queda obnubilado por un cierto fulgor que me deslumbra en el amigo y desde él. Ahora, bajo el enigma, mi amigo me es cercano y a la vez ajeno. Se levanta un muro traslúcido entre ambos. Igualmente, mi trabajo, mi cuerpo o el bien común de la ciudad pueden transformarse en enigmáticos, y en esa transformación ya no sé qué es aquello respecto de lo que tenía claridad. Después de muchos años de vivir la misma rutina laboral y de hacer lo mismo con el mismo ahínco, el trabajo y su sentido devienen confusos, no sé ya para qué hago lo que hago y cuál es el propósito de mi

---

1   Miguel García-Baró, *Elementos de antropología filosófica*, Morelia, Jitanjáfora, 2012, p. 135.

2   Miguel García-Baró, *Del dolor, la verdad y el bien*, Salamanca, Ediciones Sígueme, 2006, p. 90.

esfuerzo; después de mucho tiempo de alimentarme, de ejercitarme y de amar con mi cuerpo, de pronto puedo no reconocerme del todo en él, las enfermedades y los dolores me aquejan y me voy tornando incapaz de lo que antes podía.

Está claro que el enigma puede tener una cierta dimensión de obstáculo, pero no al mismo modo que un problema, porque si mi amigo es ahora enigmático para mí, no lo es porque represente un escollo que salvar, sino porque el sentido de la relación está oscurecido. El enigma incluso puede ser ocasión de avance existencial, un acicate para la aventura y la profundización en el descubrimiento de lo que pueda ser la Vida.

No se trata de que haya surgido un problema entre los amigos, un asunto que ha dificultado la comunicación o que los haya aislado. Un enigma es intangible y ambiguo, es una matriz situacional. No así un problema, que es un obstáculo más o menos tangible y mesurable, aunque a primera vista pueda ser muchas veces difícil de reconocer. Si bien estos enigmas o estas relaciones o situaciones que han devenido enigmáticas advienen al sujeto desde una condición situacional y en donde de alguna manera el viviente está implicado personalmente, el enigma afecta primordialmente a la libertad, de modo que decir enigma es decir la matriz sobre la que la experiencia del mundo y de la realidad se constituye una vez que el viviente ha salido de la infancia y ha comenzado a explorar los misterios de su lugar en el mundo y su descolocación en él.

1. Identidad e inmanencia en "El Aleph" de Borges

La literatura de Borges es la de quien se sitúa frente al cosmos, frente a Dios y frente a sí mismo desde la situación del enigma. Es la trama fundamental desde la que se constituyen su poesía y su narrativa. Estilísticamente, su prosa es sintética, breve y concisa. No le interesaban los adornos. Se alejaba explícita y voluntaria, casi exageradamente, de la circunstanciación, del rodeo y, principalmente, de la prédica o de la ideología. Cada palabra debía ser medida y cada expresión recortada hasta alcanzar el máximo rendimiento semántico con el menor gasto sintáctico. El afán de brevedad es excelso y llevado a su perfeccionamiento exquisito. Por eso encuentra en el cuento una de las formas literarias más adecuadas a sus intenciones estéticas.

Los temas de Borges son vastos territorios de exploración intelectual y filosófica. Metafísica, dicen algunos. En sus abreviadas líneas inserta intuiciones audaces sobre el espacio y el tiempo, los sueños, el infinito, la eternidad o la mortalidad. Sus temas, incluso, apuntan a lo que ordinariamente llamaríamos trascendencia, o sobre la estructura íntima del cosmos y la posibilidad cuántica de mundos y universos alternos.

En algunos de sus cuentos, incluso, asistimos a la creación de mundos fantásticos construidos racionalmente sobre una serie de tesis ontológicas o metafísicas. Basta pensar en "Funes el memorioso", en "La casa de Asterión" o en "Tlön, Uqbar, Orbis Tertius". Borges es el poeta del intelecto y de la razón especulativa, hace de la tesis filosófica un elemento de destello estético, de gozo contemplativo, aunque no se trata del escritor de tratados sino del creador de mundos y del explorador de posibilidades metafísicas.

Esta operación es, sin embargo, paradójica. Al menos en "El Aleph", el relato que consideraremos aquí, despoja a la filosofía de su elemento más filosófico: su compromiso con la verdad. Esto no es, desde luego, en ninguna medida, un problema para la literatura considerada en sí misma. Al contrario, es el epítome de la tesis moderna sobre la autonomía y la independencia del arte; y precisamente por eso, estamos ante el escritor más enigmático de todos los que analizaremos en este libro, ante el escritor que se goza y se regodea en la condición enigmática de la existencia, convirtiéndola a ella y a la dolorosa confusión que provoca, en un objeto de gozo estético. Por eso Borges es principalmente un esteticista: no importa para él la verdad de sus ejercicios filosóficos, sino sólo el estímulo a la imaginación que puede provocar la variación fantástica. Y es precisamente por eso que estamos ante el paradigma del no-filósofo, de quien ha elegido permanecer en el enigma como el gran *leitmotiv* existencial de su literatura; lo ha convertido en su estancia primordial y, desde él y para él, lo devora con ironía.

En "El Aleph" hay tres personajes. El primero es el narrador y protagonista: Borges mismo. Con esta coincidencia el relato adquiere una cierta dimensión de espejo y opera bajo una forma especial de reduplicación subjetiva. Luego tenemos a Beatriz Viterbo, una mujer de la que el protagonista está enamorado pero que ya ha muerto, por lo que su presencia en el cuento no se da bajo la forma de la materialidad de la carne y de la vida, sino que se logrará bajo la mera forma del cumplimiento de una función. Finalmente, está el extrañísimo Carlos Argentino Daneri, primo hermano de Beatriz, escritor y amigo de Borges.

Estructuralmente, el relato es muy sencillo. Un narrador, a quien al principio no podemos llamar Borges, nos habla tanto de la muerte de Beatriz como de Carlos Argentino Daneri, con quien tiene varios encuentros a propósito de la misteriosa obra que este personaje está escribiendo. Daneri quiere que Borges la lea y la comente, pero éste se muestra reticente y cansado de su amigo y sus peticiones. Después de algunos encuentros, Borges y el lector reciben la noticia de la demolición de la casa de Daneri, en la que también Beatriz había vivido hace tiempo. Es a propósito de esta demolición que Borges recibe la primera noticia sobre el Aleph.

El protagonista narra entonces cómo llega a la casa para conocer el misterioso objeto. Una vez en el sótano, se acuesta y su mirada encuentra el Aleph incrustado en un pequeño hueco junto a la escalera. Sucede entonces la revelación de un objeto maravilloso y, acto seguido, se nos describen sus características y las visiones que Borges tuvo en él. Después de este encuentro, súbitamente, el cuento termina. Sin embargo, en una "Post-data", una cierta forma de epílogo, se desarrollan algunas precisiones y reflexiones sobre el origen y la naturaleza del objeto. Naturalmente, todo el cuento es ficción, pero está escrito –especialmente la "Post-data"–, en un tono pseudocientífico que busca dar realismo al relato, constituyéndose así en un ejemplo paradigmático de los "textos trampa" que tan famoso hicieron al escritor argentino.

¿Cómo es el Aleph? Visualmente se ha representado de muchas formas a partir de las breves descripciones en el cuento, y es posible encontrar en la red múltiples ilustraciones que quieren traerlo a representación visual. Lo primero, no obstante, que se nos dice de él, no es una cualidad primaria sensible como su color, su tamaño o su forma, sino que se nos dice una de sus características "metafísicas": es uno de esos puntos del espacio que contienen todos los puntos. Acto seguido, se describe físicamente: "Pequeña esfera tornasolada, de casi intolerable fulgor. Al principio la creí giratoria; luego comprendí que ese movimiento era una ilusión producida por los vertiginosos espectáculos que encerraba".[3] El Aleph es una pequeñísima esfera multicolor que contiene en sí el universo entero y que, por lo tanto, parece estar en movimiento. Tiene todos los puntos concentrados en uno solo, de modo que uno puede ver la totalidad de la realidad, el mundo entero, ahí concentrado. Por el espectáculo que en ella tiene lugar, aparenta movimiento, pero realmente está inmóvil; al modo de un agujero negro literario, la esferita lleva en sí, en un pequeño hueco, toda la masa del universo. "El diámetro del Aleph –describe el narrador– sería de dos o tres centímetros, pero el espacio cósmico estaba ahí, sin disminución de tamaño. Cada cosa (la luna del espejo, digamos) era infinitas cosas, porque yo claramente la veía desde todos los puntos del universo".[4]

Intentemos comprender la descripción que, fenomenológicamente, se deja mirar: cualquier objeto que tengamos a la mano, un lapicero, el teclado de la computadora o el suéter que nos cubre, puede ser percibido desde una cantidad inmensa de perspectivas. Frente, arriba, vuelta, atrás, abajo, a un lado, al otro. Todas estas caras que nos muestra el objeto conservan una unidad en la medida en que son vistas desde el punto en el que se encuentra el sujeto. Si ese sujeto se traslada a

---

3   Jorge Luis Borges, "El Aleph", en *El Aleph*, Madrid-Buenos Aires, Alianza Editorial/Emecé, 1988, p. 169.

4   *Idem*.

cualquier otro punto del universo, por ejemplo, una playa en la Riviera Maya, la punta de la pirámide de Giza o el centro del sol, salvo por las limitaciones de nuestro órgano visual, podríamos ampliar las caras de ese objeto y las perspectivas sobre él de manera prácticamente infinita. Cada mirada sería un escorzo diferente, de manera que, si cada objeto puede verse desde infinitos puntos, lo que el Aleph de Borges puede mostrar es también infinito.

El Aleph es así un gran símbolo metafísico, por decirlo de alguna manera, que pone en cuestión la estructura física del mundo y la conciencia perceptiva que lo constituye como tal. ¿Cómo es posible que en un pequeño punto estén contenidos todos? Ese punto concentraría toda la masa posible, o al menos una imagen de toda la masa posible y, al modo de un agujero negro –como lo he mencionado ya–, el espacio tendría que curvarse y con él también el tiempo. Y, si es sólo una imagen de los puntos y no los puntos mismos, su percepción supondría no una curvatura del espacio sino una curvatura de la conciencia. ¿Cómo es eso posible?

Siguiente pregunta: ¿qué pasa con el tiempo? Teóricamente, el espectador del Aleph puede verlo todo, pero si sólo puede ver una imagen por instante, necesitaría de todos los instantes del universo para ver todas las imágenes del universo. O bien, habría de concentrar en un instante todos los instantes. Pero no se nos habla de ello en "El Aleph", sino que es descrito como un objeto que reúne puntos y no momentos. Si bien el objeto apuntaba ser medianamente divino en su perspectiva espacial –ver todos los puntos (inconmensurables) en uno solo (mensurable)–, en su perspectiva temporal se mantiene plenamente humano: un instante a la vez, salvo cuando el recuerdo y la espera elonguen el tiempo.[5] Lo que el Aleph da para el espacio –lo ilimitado o lo infinito–, no puede darlo para el tiempo, y se mantiene constreñido a la normalidad del mundo por la que el sujeto está atado a un momento designable. En esa medida, si el Aleph parecía otorgar a su espectador la perspectiva que sólo la trascendencia podría otorgar, la consideración de la temporalidad nos obliga a considerarlo como un objeto natural, y no como uno sobrenatural. O al menos, como uno que va a caballo entre naturaleza y divinidad. Así, continúa Borges:

> Vi la reliquia atroz de lo que deliciosamente había sido Beatriz Viterbo, vi la circulación de mi oscura sangre, vi el engranaje del amor y la

---

5   Cfr. Agustín de Hipona, *Confesiones*, XI, 27, 26: "En ti, alma mía, mido los tiempos. No quieras perturbarme, que así es; ni quieras perturbarte a ti con las turbas de tus afecciones. En ti –repito– mido los tiempos. La afección que en ti producen las cosas que pasan –y que, aun cuando hayan pasado permanece– es la que yo mido de presente, no las cosas que pasaron para producirle; ésta es la que mido cuando mido los tiempos. Luego o ésta es el tiempo o yo no mido el tiempo".

modificación de la muerte, vi el Aleph, desde todos los puntos, vi en el Aleph la tierra, y en la tierra otra vez el Aleph y en el Aleph la tierra, vi mi cara y mis vísceras, vi tu cara, y sentí vértigo y lloré, porque mis ojos habían visto ese objeto secreto y conjetural, cuyo nombre usurpan los hombres, pero que ningún hombre ha mirado: el inconcebible universo.[6]

Se describe al universo como "objeto secreto". La noción de enigma empieza a vislumbrarse aquí, pues ese objeto que es el universo, no es solamente secreto, sino también "conjetural". Una conjetura es una cierta forma de la adivinación, del adelanto, de la hipótesis que quiere prefigurar lo que todavía no conoce pero que intuye. "Universo" es, en ese texto, un nombre que usurpan los hombres y es que, claro, el universo no ha sido nunca realmente visto por nadie. El universo no es un objeto entre otros ni una cosa entre otras cosas. ¿Cómo podría ser un objeto si no está frente a mí como una cosa? El universo no puede tener el carácter de problema, pues no puede ser nunca abarcado por una mirada objetivante. Nadie sabe en dónde empieza ni en dónde termina, pues es infinitamente más grande que yo. No obstante, este universo es de una naturaleza enormemente distinta a fenómenos también inabarcables como el amor, la amistad o la muerte. El universo no me pasa a mí, no me ocurre, no me acontece. Simplemente está ahí, silencioso, constituyendo mundo, aterrando al autor de las *Provinciales* y haciendo posible la naturaleza y el mundo de las causas.

En realidad, Dios, mundo y ser humano son tres realidades de las que nunca puede un sujeto tener experiencia entera. Nada de eso se presenta al viviente bajo el carácter de objeto. Si Moisés sólo le conoció la espalda, Dios se mantiene siempre como lo invisible, es el misterio de misterios. Trasciende todo, lo penetra todo, lo ha hecho todo. "Nadie ha visto nunca a Dios".[7] El mundo tampoco es un objeto. Si uno quiere señalarlo, no lo señala a él sino a un ente particular dentro de él. El mundo no es signable ni designable, sino que se manifiesta como un horizonte de revelación de los objetos, pero no como uno más. Por último, el ser humano es para sí mismo todo menos un objeto. Puede verse a sí mismo como tal, y pensar que "tiene" un cuerpo y que actúa en el mundo y que opera en él, pero todo ello lo hace sobre la base de una abstracción, adoptando un punto de vista que no coincide con la experiencia originaria de sí. El ser humano es para sí mismo pura autoafección, una conciencia que sabe de sí en su propia carne mucho antes de

---

6   Jorge Luis Borges, "El Aleph", p. 171.

7   Jn 1: 18.

establecer intencionalidades objetivas.[8] En ella, el ser humano se revela a sí mismo como una carne que se siente, se sufre y se goza, que desea, teme y anhela, que está en un mundo pero que no es parte de él.

El relato de "El Aleph" dispone las relaciones entre Dios, mundo y ser humano de una manera peculiar. En él, mundo y sujeto se confunden, mundo y viviente parecen pertenecer al mismo ámbito ontológico. La Vida se diluye en mundo, pero el mundo, en este caso, el universo, se resiste a ser considerado un instrumento de uso. La trama del sujeto revelada en el encuentro con el Aleph es la de un yo, un *ego* que queda perplejo ante el universo y que, en su examen y su investigación, sólo se encuentra a sí mismo. Miremos el poema "Las causas", también de Jorge Luis Borges:

> Los ponientes y las generaciones.
> Los días y ninguno fue el primero.
> La frescura del agua en la garganta
> de Adán. El ordenado Paraíso.
> El ojo descifrando la tiniebla.
> El amor de los lobos en el alba.
> La palabra. El hexámetro. El espejo.
> La Torre de Babel y la soberbia.
> La luna que miraban los caldeos.
> Las arenas innúmeras del Ganges.
> Chuang-Tzu y la mariposa que lo sueña.
> Las manzanas de oro de las islas.
> Los pasos del errante laberinto.
> El infinito lienzo de Penélope.
> El tiempo circular de los estoicos.
> La moneda en la boca del que ha muerto.
> El peso de la espada en la balanza.
> Cada gota de agua en la clepsidra.

---

8   Cfr. Michel Henry, *Encarnación*…, pp. 66-67: "La conciencia, y por consiguiente la conciencia intencional –toda conciencia es intencional–, es en sí misma una impresión, una conciencia impresiva. La conciencia se impresionaría a sí misma de tal forma que sería esta auto-impresión originaria la que la revelase a sí misma, haciendo posible su propia revelación". Cfr. Agustín de Hipona, "La Trinidad", en *Obras completas V*, Luis Arias (trad.), Madrid, Biblioteca de Autores Cristianos, 2006,X, 9, 12: "Pero cuando se le dice al alma: «Conócete a ti misma», al momento de oír «a ti misma», si lo entiende, ya se conoce, no por otra razón, sino porque está presente a sí misma" y X, 10, 16: "Por medio de una presencia íntima y real, no imaginaria (no hay nada más presente a la mente que ella misma)".

Las águilas, los fastos, las legiones.
César en la mañana de Farsalia.
La sombra de las cruces en la tierra.
El ajedrez y el álgebra del persa.
Los rastros de las largas migraciones.
La conquista de reinos por la espada.
La brújula incesante. El mar abierto.
El eco del reloj en la memoria.
El rey ajusticiado por el hacha.
El polvo incalculable que fue ejércitos.
La voz del ruiseñor en Dinamarca.
La escrupulosa línea del calígrafo.
El rostro del suicida en el espejo.
El naipe del tahúr. El oro ávido.
Las formas de la nube en el desierto.
Cada arabesco del calidoscopio.
Cada remordimiento y cada lágrima.
Se precisaron todas esas cosas para
que nuestras manos se encontraran.[9]

El poema es hermoso. La enumeración de acontecimientos históricos y de sucesos naturales culmina en la sencillez del encuentro de las manos de dos enamorados, y no al modo de una mera sucesión aleatoria de hechos, sino al modo del propósito y la causalidad. El efecto es maravilloso, pues dispone al universo al servicio del fenómeno del amor. El enamorado se constituye a sí mismo como el culmen de la naturaleza, como el epítome del reino de los fines. Pero, al mismo tiempo, también hay algo de tristeza en él, pues explica lo inexplicable, dota de racionalidad causal a lo que ha de provenir de la libertad y de la gratuidad. Naturalmente, como poema, es excelente. Pero si se le considera una intuición sobre el amor, no hará del todo justicia al fenómeno, pues se olvida de su elemento central: su gratuidad inexplicable.

Este poema y "El Aleph" son ejemplos de piezas literarias que constituyen al sujeto en un enigma que encuentra gozo en su carácter de incógnita, pues lo colocan a caballo entre el mundo y lo que alcanza a vislumbrar del misterio de la Vida. El Aleph, el objeto esférico del relato, está dentro del mundo físico. Tiene una masa y ocupa un lugar en el espacio. Sin embargo, sus posibilidades trascienden

---

9   Jorge Luis Borges, "Las causas", en *Obras completas II. 1975-1985*, Buenos Aires, Emecé, 1989, p. 199.

ese espacio delimitado por los dos centímetros de su volumen; pero pretendiendo trascendencia, y otorgando en esa pretensión una mirada privilegiada sobre el universo al sujeto que lo mira, termina en inmanencia: devolviéndole a ese sujeto no más que una imagen de sí mismo.

El yo no es, en el Aleph, trascendente al universo, y no hay en su propio fondo sino más yo, ensimismado y convertido en un sujeto que, después de recorrer el mundo entero, no le queda más que la lente con la que lo miró. En su relato Borges mira el universo entero, o se sitúa ante la posibilidad de hacerlo –pues no puede hacerlo en acto ya que, si bien, como lo he mencionado, tiene todo el espacio a su disposición, no tiene todo el tiempo a su disposición– y al volver del viaje contemplativo se ve a sí mismo redivivo, dentro de sí mismo y de su propia mirada. Sujeto conteniendo sujeto. Naturalmente, esto problematiza la pregunta por el yo y lo coloca como el centro de la incógnita. Enfatiza el enigma. La identidad se vuelve un problema porque no ha habido alteridad alguna que la provoque. El sujeto no se constituye a sí mismo como viviente, como receptor de una alteridad que es la Vida, sino como pura yoidad.

¿Qué es la alteridad? Lo otro que yo, y en el mundo del Aleph el universo no es exactamente "lo otro", sino una extensión de mí mismo, o una confusión conmigo mismo; pues, aunque puede abarcarlo en la mirada de la pequeña esferita, con lo que topa el investigador de ella es con su propio relato. Así, el universo no explica a Borges. Silencioso y espectacular, lo abandona a la incógnita, pues no es el cuerpo ni el espacio que Borges ocupa en el mundo lo que lo distingue de otros seres. El único principio de individuación que podría operar en el relato es un asunto muy distinto a lo revelado en el Aleph: el amor a Beatriz. Ella es la única alteridad que se vislumbra candidata a responder a la pregunta de Borges por sí mismo y de sacar al lector del bucle que el universo anuncia.

Es el amor a Beatriz lo que podría singularizar en serio al protagonista del relato pues sólo él, dentro de todo lo que se nos narra, lo hace ser alguien completamente distinto del resto de los seres del cosmos. Y es que la pregunta por el yo sólo puede responderse en otro: soy el hijo de mis padres, el esposo de mi esposa, el padre de mis hijos… el amante de Beatriz. Cuando el "yo" se pone a sí mismo sobre la mesa, lo que encuentra es, en la mayoría de los casos, más de sí mismo, pues tiende a pensar que el mundo y la Vida convergen en él como centro del mundo. Pero el drama en el relato de Borges el escritor, radica en que Borges el protagonista no encuentra realmente a Beatriz sino sólo a su sombra, por lo que no hay ninguna figura de alteridad que lo saque de su ensimismamiento. El Aleph es un objeto cosmológico que no le entrega a su conciencia de sí más que más fragmentos de mundo amasados y revueltos. En cambio, Beatriz, la única candidata a ser constituida verdadera alteridad y acontecimiento, es presentada como una mera función, sin agencia y sin deseo. Difunta, no puede amar realmente a Borges, quien únicamente dispone del recuerdo. Él sólo puede amarla en la ausencia que ella significa, de modo que los choques y los contrastes que el amor real implican le están vetados al protagonista, acrecentando el carácter enigmático de ese yo problematizado y perplejo ante un universo que no solamente calla ante la pregunta por el sentido, sino que responde con otra pregunta, aún más enrevesada, de su propio rostro con forma de signo de interrogación. No hay, así, en el relato de Borges, ninguna instancia que revele a Borges el significado de su propio nombre.

Con todo, nuestro personaje no vive con angustia ni con desesperación su sino. Se refugia en el temple de ánimo que el templo de la razón le otorga. Por eso Borges, el escritor, es tan esteticista como Borges el protagonista: no ha acaecido para él la oportunidad de entregar su vida y de olvidarse de sí mismo, y sólo puede desasirse, desembarazarse de su yo, refugiándose en la investigación que los experimentos racionales le posibilitan. Eso es precisamente lo que la "Post-data" del relato revela. De acuerdo con ese texto, el Aleph que Borges se encuentra en la casa de Daneri era un falso Aleph, o eso es al menos lo que él supone. Después de curiosear un poco acerca del objeto enigmático, el héroe del relato encuentra testimonios que describen objetos con las mismas características y facultades. De este modo, el Aleph, la maravilla de las maravillas, el prometeico objeto que dota a un individuo de posibilidades divinales es, al final, un objeto trivial. Verdadero Aleph sólo puede serlo aquél que sea único. Pero éste sólo es un objeto entre otros objetos, y así el relato que nos cuenta el protagonista pierde toda importancia existencial o, si no toda, se vuelve un relato más dentro de los varios relatos posibles acerca de un objeto similar. Así, el Aleph se vuelve símbolo y fetiche del enigma, tal como el Odradek que inventa Kafka será fetiche y símbolo del problema y de la Vida reducida a su carácter de objeto. Pero antes de examinar la vida problemática tal como es retratada por el escritor checo, dediquemos un momento a mirar un relato de otro de los maestros del enigma: Edgar Allan Poe.

2. Lo interesante y lo inquietante. "El retrato oval" de Edgar Allan Poe

"Desde muy temprano conoció las acechanzas del lobo racional", diría Rubén Darío de Edgar Allan Poe, y es que su talento imaginativo estuvo siempre, como el de Borges, acechado por una razón fría y calculadora.[10]

---

10 Rubén Darío, *Los raros*, Barcelona/Buenos Aires, Casa Editorial Maucci, 1905, p. 24.

En Poe es posible encontrar una de las más raras mezclas entre prosa apasionada, especialmente por su contenido, y la confección matemática de sus relatos y de su poesía. *La filosofía de la composición*[11] –una copia del *Discurso* cartesiano pero en sede literaria– es un espectáculo del método y del control racional sobre el arte de la escritura. Creador del cuento de terror, Poe no escribía según le dictaban sus pasiones sino de acuerdo con una anticipación calculada sobre el efecto. No podía ser de otro modo. La creación del "suspenso" en literatura, es decir, del enigma antropológico, implica un control lo más geométrico posible del uso de las palabras, de su métrica y de la decisión voluntaria y premeditada del escritor sobre el tema, la trama y el desenlace de cualquier relato: "Nada resulta más claro que el hecho de que todo argumento que merezca el nombre de tal, debe ser planeado desde el comienzo hasta su desenlace, antes de que nada sea sometido a la pluma",[12] señala el propio Poe. Que el relato de suspenso contagie pasiones y provoque emociones que lleven al filo del asiento no quiere en absoluto decir que sea así como el escritor pone su escrito por escrito.

"Suspenso" proviene del latín *suspensus*, que significa "inquieto" o "ansioso" pero también "indeciso" y, en español, incluso es sinónimo de "detenido" o de "colgante". El enigma de la libertad se revela al ser humano precisamente en su carácter de suspendido, de colgante, como el badajo que no logra pisar un suelo firme. Agustín de Hipona fue el maestro de la descripción de esta suspensión que, bajo la forma de la *inquietudo cordis*, sustrae al ser humano de cualquier satisfacción mundana y deja "suspendido" el cumplimiento efectivo, objetivo o positivo de la esperanza hasta que un Bien verdaderamente perfecto pueda colmar el corazón:

> Ahora mis años se pasan en gemidos. Y tú, consuelo mío, Señor y Padre mío, eres eterno; en tanto que yo me he disipado en los tiempos, cuyo orden ignoro, y mis pensamientos –las entrañas de mi alma– son despedazados por las tumultuosas variedades, hasta que, purificado y derretido en el fuego de tu amor, sea fundido en ti.
>
> Mas me estabilizaré y solidificaré en ti, en mi forma, en tu verdad, ni sufriré ya las cuestiones de los hombres, que, por la enfermedad contraída en pena de su pecado, desean más que lo que son capaces.[13]

---

11   Cfr. Edgar Allan Poe, *La filosofía de la composición*, Carlos María Reylés (trad.), México, Ediciones Coyoacán, 1999.

12   *Ibid.*, p. 9.

13   Agustín de Hipona, *Confesiones*, XI, 29, 39 - XI, 30, 40.

Así, no es que Edgar Poe fuera el cantor de la esperanza o el poeta de la inquietud, pero sí que puede decirse que fue el narrador de lo inquietante. La inquietud es una situación antropológica, una marca existencial de la libertad y con ella del ser humano entero: habiendo nacido en el mundo, no se satisface con nada de él. Lo inquietante es, precisamente, ese mundo en tanto que promete un sentido que luego es incapaz de cumplir. Un mundo que, hermoso y en muchas ocasiones complacedor, seduce al viviente, pero lo atrapa en su falsedad. El terror siniestro de Poe ancla precisamente ahí: en que el mundo no sólo está impedido para ofrecer al corazón del hombre su sentido último, sino que, en esa promesa rota, se vuelve desasosegante, provocador de hastío, perturbador e incluso amenazante.

Gabriel Marcel apunta una idea sumamente importante sobre la inquietud: "Alienar es tornar extranjero. Pues efectivamente el inquieto tiende a tornarse extranjero aun para los que le son más próximos; entre ellos y él se abre un intervalo nada más infranqueable".[14] La inquietud exhibe de bruces nuestro exilio. El viviente no está en casa, como si la Vida que recibe fuera de otro mundo, o de un sitio que no es realmente un mundo. La inquietud, por eso, es precisamente uno de los síntomas de la matriz enigmática sobre la cual se establece una de las tramas de la existencia, pues en ella el sujeto queda escindido no solamente del mundo sino también, y quizá principalmente, de su prójimo, al que ahora mira con perplejidad y abandono. La literatura de Poe es precisa, exacta y geométrica en la ejecución del proceso químico que consiste en aislar la dimensión de enigma de las otras dimensiones de la existencia y de quedarse ahí de pie, frente a ella, mirándola firme y tornándola el centro de los episodios extraordinarios de sus relatos.

"El retrato oval" es probablemente el cuento más breve de Edgar Poe. Muchos dicen que fue fuente de inspiración para *El retrato de Dorian Grey* de Oscar Wilde. En tan sólo tres páginas narra el encuentro de un hombre herido con el enigma de la vida y la posibilidad de su captura en el espacio. Una noche, tal hombre y su criado tuvieron que refugiarse para pernoctar. Entraron por fuerza en un castillo temporalmente abandonado. En las habitaciones en las que decidieron alojarse había retratos colgados por todas partes, así como un libro en el que podía leerse la descripción y una crítica de cada uno. En un cierto momento, el protagonista movió el candelabro que alumbraba su actividad y el movimiento le permitió ver un retrato que había permanecido oculto hasta ese momento. Fascinado, el inquilino del castillo se detuvo a mirarlo con detalle. No daba crédito a lo que veía, pues parecía que en él había verdadera vida. Leyó la descripción contenida en el libro. En ella se explicaba que la mujer del retrato era la enamorada del pintor.

---

14 Gabriel Marcel, *El hombre problemático*, María Eugenia Valentié (trad.), Buenos Aires, Sudamericana, 1956, p. 84.

A cada pincelada que éste daba, el color y la vitalidad de la mujer se iba diluyendo. Él "*no quería* ver que los tintes que esparcía en la tela eran extraídos de las mejillas de aquella mujer sentada a su lado".[15] El pintor había dejado de mirarla y, poco a poco, fue acabando el retrato, afinando cada uno de los detalles, hasta que, finalmente, "la pincelada fue puesta y aplicado el matiz, y durante un momento el pintor quedó en trance frente a la obra cumplida. Pero, cuando estaba mirándola, púsose pálido y tembló mientras gritaba: '¡Ciertamente, ésta es la *Vida* misma!', y volvióse de improviso para mirar a su amada... *¡Estaba muerta!*".[16]

El cuento es tenebroso y, aunque llega a hacerse predecible en un cierto momento, la maestría de Poe para mantener el suspenso hasta el último instante es incuestionable. Toda la atmósfera, desde el inicio, es verdaderamente enigmática. La composición del lugar, la creación de un sitio inhóspito, pero a la vez acogedor, manifiesta la tensión del enigma, en el que uno no puede vivir, pero bajo el que se puede pasar la vida.

La existencia humana se sabe enigmática, es un problema para sí, sabe que no ha resuelto su inquietud fundamental, pero suele soportar con valentía y pundonor su lamentable situación. El enigma no es una situación definida y, por definición, no puede tener la última palabra. La esencia de un enigma es ser puerta para un probable sentido, aunque su promesa no sea del todo confiable. El enigma no permite asentarse en él, ni construir tres chozas para echar raíces. El enigma expulsa a todo aquél que quiere hacer de él su morada definitiva. Sin embargo, tampoco es capaz de arrojar a ese viviente al otro lado de la orilla, y está obligado a retenerlo al estarle impuesta la imposibilidad de ofrecer lo que el corazón del hombre busca. Nuestra situación existencial en el interior del mundo es, por eso, inquietante y paradójica, pues la Vida empuja a que deseemos algo más, pero el mundo jala para que lo tomemos por ese sentido último. Así, el alojamiento del protagonista de Poe, cuyas pinturas "despertaron profundamente mi interés, quizá a causa de incipiente delirio",[17] es claro ejemplo de la belleza del mundo: maravilloso primero, interesante después, más tarde delirante, finalmente insuficiente.

Lo inquietante y lo interesante son las armas del enigma para capturar a la libertad. El viviente, en su situación de enigma, siente curiosidad por el mundo y por las cosas que en él habitan. Se interesa por ellas. Curiosea, incluso, y podría estar buena parte de su vida haciéndolo. Y es que el ser humano puede regodearse en el gozo de la vana *curiositas*, pues el conocimiento de la realidad del mundo

---

15   Edgar Allan Poe, "El retrato oval", en *Narraciones extraordinarias*, Julio Cortázar (trad.), Santiago, Chile, Andrés Bello, 2000, pp. 84-85.

16   *Ibid.*, p. 85.

17   *Ibid.*, p. 81.

produce un placer enorme. A todos nos gusta que nos cuenten historias y, aunque ansiamos el final, sentimos tristeza cuando terminan. El interés produce en el alma humana un gozo indiscernible, joven y a la vez vetusto: instala una cierta pasión y, en ella, nos hace sentirnos jóvenes; pero su frustración nos envejece. Y así comenzamos cada nueva aventura de la curiosidad: más viejos, persiguiendo al mismo tiempo la juventud.

El retrato no era el de cualquier mujer, sino que "era el retrato de una joven que empezaba a ser mujer".[18] Su edad rebosaba la ambigüedad propia de los enigmas, capaz de despertar la curiosidad y el deseo malsano en donjuanes desencajados. Poe nos entrega a la ambigüedad en varias zonas de su escritura: en el espacio que forma un hábitat, en las personas que miran a otras personas, en las vivencias interiores de sus protagonistas: "Miré presurosamente su retrato, y cerré los ojos... Era un movimiento impulsivo a fin de ganar tiempo para pensar, para asegurarme de que mi visión no me había engañado, para calmar y someter mi fantasía antes de otra contemplación más serena y más segura. Instantes después volví a mirar fijamente la pintura".[19]

El protagonista no sabe si lo que ha visto es verdad. Aún no sabe qué ha visto, pero lo intuye. Lo adivina. De hecho, ya lo sabe, pero no es capaz de aceptarlo. Por eso prefiere darse tiempo, pues la incredulidad sería la opción más razonable ante un fenómeno como éste. Ese tiempo lo consigue con una pequeña pausa, una especie de reverencia debida a lo verdaderamente enigmático, que le supera en poder y en fuerzas, y a lo que le muestra respeto. Pero su curiosidad lo vence. De hecho, ya lo había vencido desde antes, y es ella la que lo conduce a la investigación de lo interesante y lo inquietante. ¿Qué puede interesar al espíritu del ser humano? Quizá sólo aquello que responde a su deseo. ¿Qué puede ser inquietante para el espíritu del ser humano? Quizá sólo aquello que le muestra su propio rostro en la crudeza de lo evidente. Vuelve a mirar y, pasado cierto tiempo, descubre el enigma: "Había descubierto que el hechizo del cuadro residía en una *posibilidad de vida* en su expresión que, sobresaltándome al comienzo, terminó por confundirme, someterme y aterrarme".[20] Esta línea comienza a desvelar para el lector el final del cuento, pero provoca en él lo mismo que en el protagonista: de algún modo ya intuí, ya vi, ya conocí lo que veré, pero aun así me provoca una inquietante curiosidad, un más o menos torcido deseo por conocer lo mórbido que lo imposible representa para la mirada. Quiero seguir leyendo como el protagonista quiere seguir mirando.

---

18   *Ibid.*, p. 82.

19   *Idem.*

20   *Ibid.*, p. 83.

¿Qué es esta *posibilidad de vida* que señala el protagonista?[21] Es un anuncio de que la materia y los pigmentos no están en estado inerte, de que una cierta forma de la vida habita en esos colores y en esas líneas, que se anuncia sin revelarse y que se intuye sin mostrarse. El enigma está aquí en el máximo de sus brillos, anunciando la Vida en un objeto mundano, confundiendo Vida y mundo, transformando la experiencia del espacio y del tiempo en una forma de contacto con lo eterno, pero bajo la forma de la ambigüedad, del riesgo y de lo amenazante.

Así, nuestro protagonista se ve presa de la seducción de una curiosidad provocada por lo inquietante, por un retrato que de algún modo le anuncia que en su interior hay algo que no es puro mundo y que se ve reflejado en esa mujer de edades y carnes pubescentes: una Vida que se asoma y que tintinea en su interior sin anunciarse vulgar y explícitamente. Como es natural, el protagonista querrá seguir yendo hacia allá. Cautivado, guiado por el interés y por la *curiositas* de lo imposible, se emparenta con el interés y la *curiositas* –quizá ésta sí realmente mórbida– del pintor que produjo semejante prodigio: "Era un hombre apasionado, violento y taciturno, que se perdía en sus ensueños: tanto, que no *quería* ver cómo esa luz que entraba, lívida, en la torre solitaria, marchitaba la salud y la vivacidad de su esposa, que se consumía a la vista de todos, salvo de la suya".[22] Las características personales del pintor no auguraban una relación pacífica. Un pintor violento querrá poseer el objeto de su arte hasta el punto de estar dispuesto a matarlo. La negativa a mirar su asesinato era voluntaria. Estamos ante un ser humano aturdido por el enigma y seducido a tal punto por su dimensión estética que no quiso sino entregarse, famélico y libidinoso, al banquete y a la devoración del alma de su amada.

La trama a la que el enigma arroja al existente lo coloca en una posición difícil: Vida y mundo no pueden distinguirse claramente, y por lo tanto, el deseo de uno o de otra tampoco pueden discernirse con verdadero ímpetu. La inquietud del corazón dispone a la voluntad a perseguir el bien, pero también a decaer y a

---

21   En el original: "I had found the spell of the picture in an absolute *life-likeliness* of expression, which at first startling, finally confounded, subdued and appalled me". Edgar Allan Poe, "The Oval Portrait", en *Poetry and Tales*, Patrick Quinn (ed.), Nueva York, Library of America, 1984, p. 418. Ambos, autor y traductor, emplearon caracteres itálicos, al menos según lo que puede verse en la edición, bastante autorizada, de The Library of America.

22   Edgar Allan Poe, "El retrato oval", p. 84. Las cursivas parecen ser, también en este caso, originales de Poe: "And he was a passionate, and wild and moody man, who became lost in reveries; so that he *would* not see that the light which fell so ghastlily in that lone turret withered the health and the spirits of his bride, who pined visibly to all but him". Edgar Allan Poe, "The Oval Portrait", p. 419.

abrazarse a sí misma, curvada, por el deslumbramiento de su propio poder y de su propia capacidad de actuar en el mundo. Cuando esta libertad, desbordada por sus potencias, se entrega a la construcción de un mundo técnico, arroja al ser humano a una vida constituida de problemas, habitada de problemas y problematizada en su propia entraña.

Capítulo II

Modernidad y objeto
La vida como problema

1. Breve apunte sobre la modernidad

La modernidad ha sido la civilización del objeto y, con ella, el sujeto se ha problematizado. La matematización galileana y la ciencia objetivante, la racionalidad instrumental, el dogma del progreso y del desarrollo, la juridificación de la vida o lo que Charles Taylor llama "la sociedad disciplinaria", todas ellas son notas características del mundo moderno[1] y han transformado nuestra civilización en lo que Michel Henry ha tenido por llamar "la barbarie".[2]

Desde un punto de vista, la modernidad no es más que una época histórica, detonada por una serie de acontecimientos más o menos reconocibles que tienen lugar entre los últimos años del siglo XV y la primera mitad del siglo XVII: la invención de la imprenta, la caída del Imperio Romano de Oriente, la llegada de Colón a América, la reforma luterana y la publicación del *Diálogo sobre los dos máximos sistemas del mundo* de Galileo Galilei. Claro está que estos acontecimientos son símbolos que nos permiten cifrar procesos más o menos intangibles. En realidad, la modernidad no surge de esos sucesos ni es creada por ellos, como podría surgir

---

1   Se ha escrito ya mucho sobre este tema. Remito, por ahora, a los siguientes textos: Iván Illich, *La convivencialidad*, en *Obras reunidas I*, Matea Padillas de Gossman y José Marí Bulnes (trads.), México, Fondo de Cultura Económica, 2006, pp. 367-530; Charles Taylor, *Las fuentes del yo. La construcción de la identidad moderna*, Ana Lizón (trad.), Barcelona, Paidós, 2006; *Imaginarios sociales modernos*, Ramón Vilà Vernis (trad.), Barcelona, Paidós, 2006; Max Horkheimer, *Crítica de la razón instrumental*, Jacobo Muñoz (trad.), Madrid, Trotta, 2010; Maurice Daumas, *Las grandes etapas del progreso técnico*, Marcos Lara (trad.), México, Fondo de Cultura Económica, 1996; Robert B. Marks, *Los orígenes del mundo moderno*, Joan Lluís Riera (trad.), Barcelona, Crítica, 2007.

2   Cfr. Michel Henry, *La barbarie*, Tomás Domingo Moratalla (trad.), Madrid, Caparrós Editores, 2006.

una melodía de una flauta insuflada por el hocico de un burro. Desde este sentido puramente histórico, ella es una situación cultural, política, económica y espiritual que va tejiéndose en procesos largos y ambiguos –aunque a toro pasado reconocibles–, que van transformando paulatinamente el mundo de los seres humanos.

Después de este primer empuje de la modernidad, que duró más o menos 150 años, ocurrieron en Europa y en América otros sucesos que afianzaron los procesos modernizadores detonados en el primer período: la paz de Westfalia, la Revolución industrial, la independencia de Estados Unidos y la Revolución francesa. Con ellos se cierra un arco temporal que culmina en la Ilustración y el final del siglo XVIII.

A esta serie de acontecimientos se les suele llamar "modernos", en sede política, porque con ellos se abandona el *Ancien régime* y se consolidan muchos de los nuevos Estados-nación bajo regímenes republicanos; en sede científica, porque con ellos se instaura una nueva racionalidad matematizada que encumbra la objetividad y la mensura cuantitativa en el conocimiento; en sede espiritual, porque el mundo occidental se seculariza, dando a la religión un nuevo lugar dentro del ámbito de la vida privada y creando un espacio público que busca cierta asepsia religiosa; en sede económica, porque el capitalismo y el mercado están ahora sostenidos por una nueva era industrial, técnica y financiera que permite un desarrollo material nunca antes visto.

Desde el punto de vista filosófico, sin embargo, "modernidad" significa algo distinto, aunque no del todo ajeno a los cambios sociales descritos. Lo moderno en filosofía comienza, clásicamente considerado, con Descartes (aunque hay historiadores que sitúan el comienzo mucho más atrás en Duns Escoto o en Guillermo de Ockham) y consiste, principalmente, en el giro hacia el *cogito*, en la crítica al realismo y en el aprecio por la certeza como punto fundante del conocimiento y de la verdad. La filosofía moderna es, así, toda filosofía que se considere heredera de estos nuevos principios que, ciertamente, la hicieron avanzar en dirección hacia lo trascendental –es decir, hacia una filosofía crítica y mucho más fundamental que la πρώτη φιλοσοφία en el sentido clásico– y al mismo tiempo la hicieron caer en nuevas paradojas, inéditas para los antiguos y los medievales.

En la historia del arte, por otro lado, la noción de "moderno" es mucho más ambigua. Si se busca emparejar la historia del arte con la tradicional "historia universal", sería moderno en el arte todo lo que va desde el Renacimiento italiano hasta el urinario de Duchamp. Sin embargo, suele haber un uso más restringido del término "arte moderno", que se suele reservar para el breve período de las vanguardias, que comienzan con el impresionismo y que terminarían, de acuerdo con algunos, con el surrealismo y, de acuerdo con otros, con el *pop art*. Podría, por tanto, reservarse el término "modernidad" en el arte para el arco grande y "arte moderno" para el arco pequeño, aunque no deja de parecer extraño llamarle "moderno" a Rafael y a sus colegas.

Finalmente, hay un último sentido de la noción de "modernidad", que es la más interesante a efectos de estos ejercicios filosófico-literarios; es la que se refiere a la modernidad no como una era de la civilización occidental ni como un período en la historia de alguna disciplina, sino como una situación antropológica que ha alterado la relación del ser humano con la Vida, consigo mismo y con el mundo. El papa Benedicto XVI, que ha pensado el problema con cierta agudeza, señalaba:

> La modernidad, si se la comprende bien, revela una 'cuestión antropológica' que se presenta de modo mucho más complejo y articulado de lo que sucedía en las reflexiones filosóficas de los últimos siglos, sobre todo en Europa. Sin restar importancia a los intentos realizados, queda todavía mucho por investigar y comprender. La modernidad no es un simple fenómeno cultural, con una fecha histórica determinada; en realidad, implica un nuevo proyecto, una comprensión más exacta de la naturaleza del hombre.[3]

Efectivamente, ser moderno es un modo de situarse el ser humano ante la realidad, una forma peculiar de asimilar y de recibir o de rechazar la Vida. Por eso es posible decir que Abelardo y Eloísa fueron modernos, que Agustín de Hipona lo fue, y que Wendel Berry es un antimoderno en pleno siglo XXI y en el país de Disneylandia. Esta "situación de modernidad", como podríamos ahora llamarla, por supuesto que ha sido exponenciada por la ciencia baconiana, por la máquina de vapor y por los rascacielos de Wall Street, pero la modernidad no es ni el libro de Bacon ni la máquina de vapor ni el acero de Nueva York, sino el modo como los seres humanos que habitan ese mundo están dispuestos ante él, ante sí mismos y ante la Vida.

La modernidad así comprendida configura al viviente desde una relación de objetividad ante la Vida y ante el mundo. Especialmente ante el mundo, que es tangible. Ser moderno es, ante todo, mirar la realidad de manera separada, desvinculada, diría Charles Taylor,[4] como si la habitación propia del ser humano fuera su propia interioridad y ésta pudiera darse desengarzada de la situación munda-

---

3 Benedicto XVI, *Discurso al VI° simposio europeo de profesores universitarios*, Roma, sábado 7 de junio de 2008. <https://www.vatican.va/content/benedict-xvi/es/speeches/2008/june/documents/hf_ben-xvi_spe_20080607_docenti-univ.html>.

4 Cfr. Charles Taylor, *Las fuentes del yo...*, p. 203.

na en la que vive y de la relación que ella misma es con la Vida que se le entrega a cada momento. Se rechaza la tesis aristotélica del carácter político y convivencial del ser humano, pero aún más la tesis platónica sobre su carácter divino o, más precisamente, su relación con lo divino, y el ser humano se comprende a sí mismo como un átomo o como un nodo dentro de un sistema.[5]

Para nombrar algunos rasgos sociales, epistémicos o éticos medianamente reconocibles, en primer lugar, está la secularización: para el ser humano moderno, Dios y la religión son asuntos que forman sólo parte de la vida privada. Ya no es asunto de la comunidad. Como tampoco lo es el bien político: la noción de "bien común" se diluye ante la noción de bien individual y el principio de no daños a terceros. En segundo lugar, la valoración desmedida hacia la racionalidad científica positiva, como si la verdad última sobre la realidad se alojara ahí, en lo que los métodos cuantitativos dicen sobre sus respectivos objetos de estudio. En tercer lugar, y por terminar la potencialmente enorme lista, mencionaré la igualdad. La eliminación de las jerarquías y, más tarde, ya en la apoteosis de lo moderno, incluso la eliminación de las diferencias *tout court*: de clase, económicas, políticas, sexuales, etcétera.

En los tres casos subyace el denominador común de lo que en palabras de Michel Henry podría llamarse "el olvido de la Vida", aunque en algunos casos no se trate de un mero olvido, sino de una intención deliberada, como es el caso de la "*intentio* científica como tal",[6] que para poder ser tal debe despojar a su objeto de su matriz vital y ha de reducirlo a dígitos y a gráficas. En efecto, tanto la técnica como la política, igual que la economía y la religión, todas ellas son formas culturales bajo las cuales el hombre ha de ponerse en relación con la Vida, y su desarrollo mismo depende, en última instancia, de esa Vida que permite que el mundo sea y aparezca como mundo a las infinitas subjetividades que lo viven, lo conocen, lo disfrutan y lo corrompen. Pero esa condición de la existencia humana, la Vida que es invisible, es sistemáticamente excluida por la objetivación metódica y voluntaria de la libertad en el mundo moderno. Por eso, lo que queda es una existencia asumida y vivida exclusivamente bajo la trama del "problema".[7]

---

5   Cfr. Iván Illich, *Los ríos al norte del futuro. Conversaciones con David Cayley*, Ana Gabriela Blanco *et al*. (trads.), México, Aliosventos Ediciones, pp. 188-198.

6   Michel Henry, *La barbarie*, p. 95.

7   Quiero referir aquí el diagnóstico, quizá aún más matizado o más profundo, que elabora Franz Rosenzweig sobre la situación del ser humano en la modernidad, como un desencaje, desenfoque o parcialidad en la relación que se establece entre Dios, hombre y mundo; que provoca un pensamiento enfermo, paralizado, que busca una realidad detrás de la realidad y que termina objetivando el fluir de la vida: "El filósofo no puede esperarse. Su asombro no es distinto del asombro del hombre común. Pero el filósofo no deja que las cosas lleguen a esa disolución de la rigidez que la

Un problema pide, principalmente, ser resuelto, y para resolverlo yo puedo o tengo la posibilidad de conocerlo poco a poco, de analizarlo, de entenderlo, de mirarlo por un lado y por el otro, y si es en un plano cartesiano mucho mejor. En la medida en que lo abarque el sujeto, en esa misma medida podrá atacarlo y resolverlo. Entonces, un problema tiene principalmente el carácter de cosa. Está frente a mí como, precisamente, lo que no soy yo. Como una otredad que, anónima, interfiere con mis fines y debe desaparecer o ser gestionada hasta hacerla inocua. La racionalidad moderna busca, así, principalmente, que la subjetividad del yo no encuentre estorbos para darse su propio cumplimiento y estallar en sus maravillas expresivas, en sus florituras hermosas que, por derecho propio, le corresponden. Eso diría un moderno –o un negador de la Vida, así haya vivido en el Siglo de las luces o en el Jardín del Edén– que hace de la realidad entera un problema para dar paso a la gloria de su propio yo. Naturaleza, religión, conocimiento, ética, amor: toda manifestación de la Vida ha de reducirse a la trama propia del objeto.

Así, por ejemplo, la sofística de Protágoras era desde este punto de vista modernísima, porque quería hacer de la ciencia del Bien un saber técnico, un modelo replicable que produjera dividendos.[8] Por ello, éticamente, su existencia y con ella la sofística entera, estaba plenamente problematizada, pues se había dejado dominar –como lo ha estudiado acertadamente García-Baró– por el miedo.[9] Esta versión de la modernidad es el tema de la literatura entera de Kafka, y está genialmente ejemplificada en el relato de Salvador Elizondo que revisaremos a continuación.

2. Fetiche y anonimato en Kafka. Comentario a "Preocupaciones de un jefe de familia"

Franz Kafka es uno de los grandes profetas de la modernidad, de la sociedad contemporánea y de los malestares de este mundo administrado que, alimentado de burocracia, animado por la técnica, estructurado en procesos controlados y dominado por Estados gigantes que devoran al individuo y lo sumen en la sensación de impotencia, reduce a los individuos al estatuto de cosa. Su nombre es sumamente

---

vida traerá consigo. Esa solución tarda demasiado para él. Él la quiere hoy mismo, el día que le ha sobrevenido el estupor, y la quiere aquí, en el sitio donde está. Se queda parado en su paralización. Excluye este estado suyo, este acontecimiento de su asombro, de la corriente de su vida, que sigue fluyendo. Se para a pensar, repiensa las cosas [...]. La paralización asombrada se le vuelve eterna en esa imagen especular de ella igualmente paralizada: el 'ob-stante'". Franz Rosenzweig, *El librito del sentido común sano y enfermo*, Alejandro del Río Herrmann (trad.), Madrid, Herder, 2022, pp. 50-51.

8   Cfr. Platón, *Protágoras*, Ute Schmidt (trad.), México, UNAM, 1993, 313d.

9   Cfr. Miguel García-Baró, *El Bien perfecto. Invitación a la filosofía platónica*, Salamanca, Ediciones Sígueme, 2008, p. 11.

popular, al grado de haber generado un adjetivo: lo "kafkiano", que suele usarse para hablar de lo raro, de lo increíblemente abigarrada y absurda que puede a veces llegar a ser la realidad humana. "Kafkiano" dice extraño, surrealista, incomprensible, sin sentido, perturbador y problemático; todo ello con especial referencia a las grandes burocracias, al anonimato del mundo administrado, a los procesos lentos y oscuros. "Kafkiano" dice la relación o la ausencia de relación que puede establecer un gran sistema frente a individuos impotentes. Es la imposibilidad del mundo personal y la desfiguración de los rostros singulares alumbrados por la Vida. Todo ello es el tema de sus grandes novelas, *El proceso* y *El castillo*, pero también de *La metamorfosis* y de muchos de sus cuentos.

Posiblemente el cuento más breve de Kafka, "Preocupaciones de un jefe de familia" sintetiza la voluntad férrea del fetiche y el carácter de cosa al que se ha sometido a la Vida en el mundo moderno. El relato comienza bajo un tono casi científico, filológico, con la explicación de la etimología del nombre "Odradek" y continúa con una esmerada descripción del objeto. A continuación, el narrador cuenta al lector el lugar que el Odradek ocupa en el sistema familiar –cuándo y dónde se le suele ver–, y expone un pequeño diálogo que tuvo con él. Finalmente, el último párrafo del relato es una reflexión interior del padre sobre la posibilidad de la muerte del Odradek y el dolor que le supone pensar que éste probablemente le sobrevivirá.

Ya la mera descripción del Odradek en tanto objeto nos instala en el mundo de lo estrafalario, de lo extraño y hasta cierto punto inquietante:

> Se asemeja a un carrete de hilo, chato y en forma de estrella, y, en efecto, también parece que tuviera hilos arrollados [...]. Pero no es solamente un carretel, porque en medio de la estrella surge un travesañito, y sobre éste, en ángulo recto, se inserta otro. Con ayuda de esta última barrita, de un lado, y de uno de los rayos de las estrellas, del otro, el conjunto puede erguirse como sobre dos patas.[10]

Odradek es un objeto material, una cosa con ciertas funciones mecánicas. Podría ser, en esta primera descripción, considerado como un objeto inerte cualquiera que forma parte del inventario del hogar. Sin embargo, algunas líneas después, el padre dialoga con él y observa que ríe con "la risa de alguien que no tiene pulmones. Suena más o menos como el susurro de las hojas caídas".[11] No es, pues, una

---

10   Franz Kafka, "Preocupaciones de un jefe de familia", en *La condena*, J. R. Wilcok (trad.), Madrid, Alianza Editorial, 2003, p. 109.

11   *Ibid.*, p. 110.

mera cosa entre otras cosas, sino que una peculiar forma de vida o de inteligencia se hacen presentes en él. Es, más bien, un ser fantástico[12] poseedor de una matriz de interacción, aunque sea precaria, y que hoy podría confundirse con un robot o incluso con una cierta forma de inteligencia artificial.

Es muy curiosa y fascinante la actitud del protagonista ante el Odradek. Por un lado, manifiesta una enorme perplejidad, haciéndose una serie de preguntas sobre las razones de su estructura material, suponiendo, por ejemplo, si pudo haber estado roto en otro tiempo, inquiriendo así sobre la historia o la prehistoria del objeto. Por otro, manifiesta también una familiaridad quizá demasiado natural a ojos de los lectores: narra cómo va de aquí para allá dentro de la casa sin asombrarse de la autonomía de una cosa como ésa hasta que, finalmente, nos dice que lo trata como a un niño; quizá, incluso, podría pensarse, como a uno más de sus hijos. Y es esa familiaridad ante un objeto tan extraño lo que provoca, en el lector, la extrañeza y la situación de problema.

Después del diálogo, sin embargo, cuyo final nos revela que su risa es como el sonido de hojas muertas, aparece la reflexión del padre sobre sí mismo. Él se vuelve un sujeto problematizado ante una realidad tan ramplona, y tan exótica a la vez, como el Odradek. Hay entonces una transferencia narrativa del objeto al sujeto; de la objetividad brutal del Odradek y su posible trascendencia vital "¿puede ocurrir que se muera? Todo lo que se muere tiene que haber tenido alguna especie de intención, alguna especie de actividad, que lo haya gastado; pero esto no puede decirse del Odradek"[13] hacia la subjetividad de la relación de sus hijos y de los hijos de sus hijos con el Odradek, y finalmente su propia muerte: "Evidentemente, no hace mal a nadie; pero la suposición de que pueda sobrevivirme me resulta casi dolorosa".[14]

El Odradek le sobrevivirá, pero no porque esté vivo. Es un ser que se traslada de un sitio a otro pero que carece de intenciones, un semoviente sin vida. Decir que "sobrevivirá" al padre es ejecutar una metábasis, pues su permanencia no es una forma de la vida, aunque su risa, que se expresa dentro del contexto de un diálogo con una persona, podría delatar que posee una forma de movimiento o de interioridad. La ambigüedad del Odradek no provoca escándalo ni espanto ni temor, no asusta a nadie, a diferencia de los objetos de los cuentos de Poe. Más bien, es la indiferencia y naturalidad del protagonista, en contraste con la perplejidad esperada por el lector, la que revela una trama mucho más problemática que misteriosa

---

12 De hecho, Jorge Luis Borges lo incluye en su *Manual de zoología fantástica*, México, Fondo de Cultura Económica, 2007, pp. 106-107, en donde copia, a la letra, la descripción de Kafka.

13 Franz Kafka, "Preocupaciones de un jefe de familia", p. 110.

14 *Idem*.

o enigmática. El objeto, la cosa, el fetiche Odradek, no es directamente la causa del dolorcillo que al final reconoce el padre, sino que éste es causado porque un objeto sin capacidad de envejecimiento y sin propósito existencial permanezca en el tiempo y "sobreviva" a los seres racionales que han estado verdaderamente vivos.

El mundo moderno se ha encargado de crear instituciones administradas que no necesitan ya de seres vivos, racionales, verdaderamente vivos, para poder subsistir. Por eso escribe Eliot:

> Tratan constantemente de escapar
> De la oscuridad exterior e interior
> Soñando sistemas tan perfectos que nadie necesitará ser bueno.
> Pero el hombre que es oscurecerá
> Al hombre que pretende ser.[15]

El desarrollo de la técnica ha sustituido el quehacer humano hasta el punto de rechazar todo resabio de vitalidad y rostro personal en los procesos más cotidianos, arrojando al ser humano a una situación de soledad impensable: "Si hacer abstracción del mundo-sensible-de-la-vida no es solamente poner fuera de juego las cualidades sensibles de ese mundo sino, a la vez, la misma vida, entonces para ser pensada hasta el final se nos descubre la soledad de la ciencia, soledad tan extrema que a decir verdad no es ya pensable",[16] escribe Michel Henry en *La barbarie*. La ciencia que ha avanzado extrayendo la Vida de sus objetos de estudio ha creado una civilización técnica incapaz de devolverla, y eso aísla y atomiza al ser humano, lo convierte a él mismo en un objeto, respondiendo al enigma matriz con la problematización de sí mismo, de la naturaleza y con la degradación del misterio de la Vida a una cosa más del mundo.

Viene aquí a cuento recordar lo que Walter Benjamin reflexionó alguna vez sobre el Odradek. En uno de sus textos más importantes, *Sobre el concepto de historia*, comenta un cuadro de Paul Klee, el *Ángelus Novus*, que describe del siguiente modo:

> Se representa a un ángel que parece a punto de alejarse de algo a lo que mira fijamente. Los ojos se le ven desorbitados, tiene la boca abierta y

---

15　T. S. Eliot, "Choruses From 'The Rock'", en *The Complete Poems and Plays*, Londres, Faber & Faber, 2004, VI, p. 159. La traducción es mía. Aquí la versión inglesa: "They constantly try to escape / From the darkness outside and within / By dreaming of systems so perfect that no one will need to be good. / But the man that is will shadow / The man that pretends to be".

16　Michel Henry, *La barbarie*, p. 67.

además las alas desplegadas. Pues este aspecto deberá tener el ángel de la historia. Él ha vuelto el rostro hacia el pasado. Donde ante *nosotros* aparece una cadena de datos, *él* ve una única catástrofe que amontona incansablemente ruina tras ruina y se las va arrojando a los pies.[17]

La decadencia del espíritu del ser humano radica en la reducción de la Vida a su carácter de cantidad. Y eso es así, incluso, o quizá especialmente, con la historia, cuya sistematización cuantitativa nos ha impedido ver el sentido de los acontecimientos: su carácter verdaderamente catastrófico. Igual que Henry, Benjamin no ve en el mundo moderno la bendición del desarrollo y de la *prosperity* –como llamaba irónicamente Edmund Husserl al trágico fenómeno–,[18] sino que su ángel nuevo nos revela con claridad la inevitable e imparable barbarie en la que hemos entrado. El ángel, en su vuelo, gana una perspectiva que el sujeto inmerso en su mundo no puede tener. Necesitaría recurrir a las alas de su espíritu para poder sobrevolar su circunstancia, dejarse arrebatar por la Vida para adquirir la perspectiva que el ángel sí tiene, pero como está embarcado en el avance y la prosperidad económica, en el bienestar y en la creación de una sociedad administrada, sólo ve números en donde lo que ocurre es una destrucción civilizatoria:

> Bien le gustaría detenerse –continúa Benjamin–, despertar a los muertos y recomponer lo destrozado. Pero, soplando desde el Paraíso, una tempestad se enreda en sus alas, y es tan fuerte que el ángel no puede cerrarlas. Esta tempestad lo empuja incontenible hacia el futuro, al cual vuelve la espalda mientras el cúmulo de ruinas ante él va creciendo hasta el cielo. Lo que llamamos progreso es justamente *esta* tempestad.[19]

Kafka revela a sus lectores –quienes podrían sentirse identificados con el padre de familia– que la indiferencia con la que contemplamos la historia es completamente irracional. La fuerza de la costumbre empuja al viviente a acostumbrarse al mundo y a sus brazos, que todo lo consumen y lo transforman en cosa. La Vida,

---

17 Walter Benjamin, *Sobre el concepto de historia*, en *Obras I*, vol. 2, Juan Barja *et al.* (trads.), Madrid, Abada Editores, 2008, p. 310. El énfasis es de Benjamin.

18 "La exclusividad con que, en la segunda mitad del siglo xix, la total visión del mundo de los seres humanos modernos se deja determinar y cegar por las ciencias positivas y por la *prosperity* de que son deudores, significó un alejamiento indiferente de las preguntas que son decisivas para una auténtica humanidad. Meras ciencias de hechos hacen meros seres humanos de hechos". Edmund Husserl, *La crisis de las ciencias europeas y la fenomenología trascendental*, Julia V. Iribarne (trad.), Buenos Aires, Prometeo, 2008, pp. 49-50.

19 Walter Benjamin, *Sobre el concepto de historia*, p. 310. El énfasis es de Benjamin.

que sólo se da generosamente en su invisibilidad, queda irreconocible en el interior de un mundo que ha recibido una estocada por el logro técnico que encumbra al objeto y lo posiciona en la cultura como su centro sagrado.[20]

Así, la historia de la modernidad que, a los ojos del hombre moderno, va en constante progreso hacia mejor, es desde otra perspectiva la historia de la barbarie: un mundo que confunde su propia capacidad técnica con el don de la Vida misma, que es en realidad la condición de toda acción y de todo hacer y de todo ejercicio de la libertad del viviente. El ángel de la historia ha alcanzado algo de esta perspectiva y ve en ese "progreso" no más que una montaña de ruinas. Ése es, justamente, el dolor del padre de familia de Kafka: una cosa inerte y de risa extraña va a sobrevivirnos a todos. La maquinaria seguirá funcionando y produciendo hasta el fin de los tiempos, pues lo inerte no envejece nunca y, por lo tanto, no tiene la capacidad de muerte. En esta tesitura de la supervivencia y la permanencia a través del tiempo, se deja ver una de las perversiones más importantes de la trama propia del problema: la filia al fetiche y la objetivación que tiene lugar en la memoria y el olvido. Me detendré un momento para explicar este punto con mayor detalle.

En la memoria y el olvido, vistos en su perspectiva más originaria, el alma prefigura de algún modo la realidad; así lo destaca Sócrates en el *Fedro*: "El alma es también capaz de adivinar",[21] recuperando sus vivencias y su sentido en la Vida, no de manera mecánica ni fotográfica, sino según el modo que el recuerdo tiene para hacerlo: anclando en la afectividad, en la imaginación y en los vericuetos semánticos del lenguaje. Ahí el alma adivina y de algún modo recrea, bajo la forma de un flujo subjetivo, quién ha sido y cómo lo ha sido, y en donde el olvido tiene un papel importante y afortunado. Olvidar permite al alma reconstruirse con significados nuevos, reconfigurando el pasado e integrando en su vida presentes y futuros que otrora le eran desconocidos. El juego de la memoria y el olvido abre la puerta a algunas formas de la redención, pues hacen hueco a que la Vida se haga presente.

Pero la modernidad ha hecho de la memoria un fetiche y, como para ella no hay nada fuera de la objetividad y de la exactitud, la memoria se transforma o en

---

20   "En la etapa avanzada de la producción en masa, una sociedad produce su propia destrucción. Se desnaturaliza: el hombre, desarraigado, castrado en su creatividad, queda encarcelado en su cápsula individual [...]. El monopolio del modo de producción industrial convierte a los hombres en materia prima elaboradora de la herramienta. Y esto ya es insoportable. Poco importa que se trate de un monopolio privado o público, la degradación de la naturaleza, la destrucción de los lazos sociales y la desintegración del hombre nunca podrán servir al pueblo". Iván Illich, *La convivencialidad*, p. 372.

21   "μαντικόν γέ τι καὶ ἡ ψυχή". Platón, *Fedro*, Armando Poratti (trad.), Madrid, Ediciones Akal, 2010, 242c.

fotografía o en nostalgia. El viviente problematizado esclerotiza el recuerdo y busca fijarlo en objetos museísticos. Que el padre de familia considere que la permanencia de Odradek es una forma de supervivencia deja ver la seducción que ya ha operado el carácter de objeto en él. El olvido, en su juego con el recuerdo, permite al viviente liberarse del paso del tiempo y en esa liberación caben, si acaso, el perdón y la apertura a futuros que en otro estado de cosas hubieran sido impensables. Pero Odradek no tiene una forma inteligible, "Odradek es la forma que las cosas toman en el olvido. Ellas están deformadas"[22] –argumenta Benjamin–, así como están deformados los relojes en *La persistencia de la memoria* de Salvador Dalí. Ni la memoria ni el olvido pueden vivir orgánicamente en el mundo moderno. Para el viviente problematizado, la memoria se concibe como retrato y el olvido se entiende como condena. Ninguna de esas dos formas del alma puede aportar al viviente una redención. El olvido, bajo la lógica moderna del problema, sólo puede darse subrepticiamente, de modo que su flujo ordinario, que considera las vivencias no objetivamente sino en su sentido ante la Vida, se considera una negación y pasa a ofrecer, en lugar de memorias recuperadas, objetos mal retratados.

La imagen moderna es, así, incapaz de rostro humano. Es mecánica y objetiva. Mineral. Rechaza explícitamente el carácter encarnado de la libertad. Nuestro cuerpo, que en realidad es una carne habitada por la Vida, es entendida bajo el paradigma del mecanismo de relojería, expulsándolo del reino de los vivos para meterlo en el cajón de los sistemas de control, repudiarlo bajo lapidación y enviarlo a los senderos de los muertos.[23] La carne, que es relación e imperfección, que está confeccionada de tendones, de músculos, de líquidos y secreciones, es asépticamente negada para preferir la limpieza del quirófano, desde la cual se construyen las instituciones y se estabilizan los procesos productivos de consumo. De este modo, las posibilidades de redención se ven reducidas para el ser humano abismalmente, puesto que la redención es, de algún modo, "reforma", y sólo puede haber reforma ahí en donde hay una "forma" que pueda ser semejante al Bien y a la Belleza que la habitan. Lamentablemente, sin embargo, el viviente moderno

---

22   Walter Benjamin, "Franz Kafka. Zur zehnten Wiederkehr seines Todestages", en *Gesammelte Schriften*. Tomo II.2., Frankfurt a.M, Suhrkamp, 1991. Citado en Miriam M. S. Madureira, "Odradek, Odiseo y el trompo: entre Kafka, Benjamin y Adorno", *Revista Casa del Tiempo* 18, abril de 2019, p. 42.

23   Así el espeluznante relato titulado "En la colonia penitenciaria" del propio Kafka, en el que el cuerpo es reducido a su carácter de pura materialidad, a través de la inflicción del dolor total, como relatará, años más tarde, Jean Améry en su descripción de la tortura y como lo habría descrito el Marqués de Sade en sus novelas. Cfr. Franz Kafka, "En la colonia penitenciaria", en *La condena*, pp. 135- 171; Jean Améry, *Más allá de la culpa y la expiación. Tentativas de superación de una víctima de la violencia*, Enrique Ocaña (trad.), Valencia: Pre-Textos, 2013; Marqués de Sade, *Las 120 jornadas de Sodoma*, César Santos (trad.), Madrid, Akal, 2004.

destaca por desfigurar la belleza de su propia carne vulnerable e imperfecta, cuya vida es un reflejo o imagen de la Vida; destaca por su insistencia y su afán en tejer la trama de su subjetividad desde la deformidad del problema, una técnica de envilecimiento que, con Gabriel Marcel, podríamos llamar "la habituación a lo monstruoso".[24]

3. Cercenamiento e identidad del yo
Lectura de "El hombre que llora" de Salvador Elizondo

En "El hombre que llora", brevísimo relato contenido en *El grafógrafo*,[25] Elizondo relata el paseo de un nieto con su abuela al Hospital General, en donde está internado un hombre famoso por su llanto y porque de él se dice mucho, entre otras cosas, rumores acerca de favores que algunas veces ha concedido.

La genialidad descriptiva de Elizondo logra en breves palabras trazar una atmósfera de ciencia ficción: un hospital blanquísimo, frío, de corredores luminosos, aunque según se va avanzando, cada vez un espacio lúgubre. "Tan triste que exhala esa luz un olor antiséptico y atroz de tristeza".[26] Una triple sinestesia: vista, olfato y afectividad. La luz huele, pero huele a un olor emocional. Mientras la pareja avanza por los pasillos, los empleados, que resultan además ser monjas, cuchichean. Ya en la habitación, todo es blanco y huele a formol. Elizondo, entonces, describe al hombre, que yace sobre una cama cubierto hasta la barbilla con una manta:

> El viejecito llora como mujer. Eso dice mi abuela. Yo me quedo callado. Lo miro atentamente. Su boca se pliega como la de una máscara de teatro. Roja y húmeda chasquea una lengua larga y flaca como un verduguillo contra las encías desdentadas. Por sus mejillas agrietadas resbalan gruesos lagrimones desde sus ojos irritados y legañosos. Sólo su boca y sus ojos se mueven. Dicen que es una pura cabeza y que no tiene cuerpo, pero esto yo no lo creo.[27]

---

24   Gabriel Marcel, *Los hombres contra lo humano*, Jesús María Ayuso (trad.), Madrid, Caparrós Editores, 2001, p. 38.

25   Salvador Elizondo, "El hombre que llora", en *El grafógrafo*, México, Fondo de Cultura Económica, 2000, pp. 32-33.

26   *Ibid.*, p. 32.

27   *Idem.*

Ahí termina el relato. La imagen es grotesca, no solamente por la plasticidad del retrato, que no hace falta parafrasear –el lector puede ir al texto mismo para corroborarlo–, sino por todo lo que ocurre alrededor del pobre hombre-cabeza. Convertido en un espectáculo religioso, sitio de peregrinación siniestra, el hombre que llora en el cuento de Elizondo es un monumento a la lógica de la objetivación y la fetichización del yo. La consideración que aquí se hace del cuerpo y del sujeto es maravillosamente perfecta para explicar la noción de problema: tanto por su carácter primario y obvio de cosa como por el entramado de relaciones y de significados flácidos en los que se encuentra inscrito ese hombre y que constituyen, para decirlo en una palabra, lo que a la modernidad le ha dado por llamar "identidad".

La carne del viviente moderno no es ya, en realidad, una carne, ni siquiera un cuerpo, puesto que un cuerpo sin forma no puede estar realmente vivo. Es un mero ente del mundo, que podría ser utilizado de una manera o de otra, o ser destruido y finalmente olvidado para siempre. El mundo del yo problemático está constituido por y para lo objetual. Vivir bien significa estar lleno de cosas que nos resuelvan problemas, que faciliten la tarea laboriosa de vivir: el exprimidor de jugos, la licuadora, el mejor coche, la nariz de Natalie Portman, la rebosante cartera; tener objetos que me recuerden lo que tengo, el título de ingeniero, el reconocimiento de mi vecino, la envidia del otro; acumular virtudes y medallas; tener un crédito, deudas, promesas rotas, una lista de mujeres abandonadas; tener lágrimas para mostrar en vivo, tener covid, *followers*, un gran sentido del humor y, sobre todo, haber perdido la intimidad y la vergüenza.

El modo del tener, sin embargo, ha cambiado. Ya no se tiene "con las manos", como se tenían las herramientas desde la antigüedad. Hoy se tiene en la nube y se tiene semántica o simbólicamente, digitalmente, si se quiere, pero ya no corporalmente. La relación que guarda el sujeto problemático con todas esas cosas que posee no tiene nada que ver con lo patrimonial, sino con el continuo desecho, con el desperdicio, la obsolescencia, el intercambio, la función y la apariencia. La ansiedad se transfiere hoy a las cosas: más que una apreciación de la materia, hay un desprecio por el cuerpo y por la realidad carnal de la Vida, a la que se intercambia por el carácter cósico del mundo. Así lo ha descrito el antropólogo francés David Le Breton:

> El mundo contemporáneo reduce el continente cuerpo. En tanto que no es ya el centro radiante del sujeto, ha perdido su poder de acción sobre el mundo y, en contraste, las prácticas o discursos sobre él se han ampliado considerablemente. Ausente del movimiento ordinario de la vida, deviene

objeto de una preocupación constante sobre la que se insertan cuestiones simbólicas y un mercado considerable.[28]

Para Le Breton, el cuerpo del sujeto moderno es un cuerpo "supernumerario", un sobrante que "se tiene" y con el que ya no se sabe muy bien qué hacer; que no encaja en el ordenamiento común de la vida y que, por lo tanto, ha de ser administrado como un apéndice inútil, objeto de preocupaciones, de recetas, de consejos, incluso de prácticas, pero no es ya en donde acontece la vida y en donde se vive el sujeto a sí mismo y a su prójimo.

El hombre que llora es, probablemente, aunque no podamos nunca saberlo de cierto, solamente una cabeza sin cuerpo. En realidad, podríamos estar ante un verdadero monstruo. Pero el propio Elizondo se resistió a zanjar la cuestión e introdujo en su personaje el beneficio de la duda. Y es que el carácter monstruoso del cuento implica entrar en contacto con una realidad verdaderamente perversa. No es casualidad que Elizondo tenga en su narrativa motivos propios del horror. Su novela más importante, *Farabeuf* es el relato, segundo a segundo, de un suplicio chino; Elizondo ahí convierte el dolor de un cuerpo –transformado en pura materialidad dolorosa– en un objeto de experiencia estética. La narración de *Farabeuf*, sin embargo, no es nunca del todo explícita ni clara, por más que pueda irse adivinando lo que el suplicio implicó para la víctima, y es que, como dice Soler Frost, "la inmensa dificultad de la imagen [la del suplicio chino, tema de *Farabeuf*] es que uno puede verla, y puede estáticamente recrearla, pero, en realidad, es imposible imaginarla. El horror no puede ser imaginado; puede ser pensado, hasta transformado, transmutado. Pero no puede ser imaginado".[29] De este modo, el dolor absoluto, el horror total, tiene algo que ver con lo sagrado y lo santo, con el Gran Temor, que sólo un ser absoluto podría provocar en una criatura. "El hombre que llora", me parece, se deja leer desde esta clave: se ha hecho de él un ídolo del comercio religioso. Habitante de su propio santuario de la asepsia y de la medicina objetivante, se aloja en su tabernáculo custodiado por las sacerdotisas que se encargan de que los peregrinos puedan llegar a verle. El hombre que llora es objeto de culto, ídolo material, y no está integrado en la vida de nadie, especialmente no con la suya. Es un chipote que ha perdido la vida a costa de tener un buen cojín en dónde reposar la cabeza. Es una cosa que sobra y que, así sobresaliente, es objeto de la mirada de

---

28　David Le Breton, *Anthropologie du corps et modérnité*, París, Presses Universitaires de France, 2017, p. 187.

29　Pablo Soler Frost, "*Farabeuf*, mi semejante, mi hermano", en Salvador Elizondo, *Farabeuf o la crónica de un instante*, México, Fondo de Cultura Económica, 2015 (edición conmemorativa 50 años), p. 275.

cientos, quizá miles de personas que lo van a ver para proyectar sus deseos y sus preocupaciones sin establecer absolutamente ninguna relación con él.

Rito secularizado, superstición convertida en mercado, la peregrinación al Hospital General relatada por Elizondo es la peregrinación del hombre problemático que ha convertido no sólo el cuerpo sino especialmente la religión y el ámbito de lo sagrado en ídolo opaco en el cual descansar la mirada.[30] Con esta lógica se establece una relación con Dios, el Misterio mismo de la Vida, según la ley del mercado y la compraventa. Nada más problematizador y quizá nada más profanador que hacer de la relación con la Vida una relación de consumo. La Vida es precisamente lo que no se puede comprar. Si Dios no se sustrae a una relación mercantil, entonces esa relación no está establecida con Dios sino con Mammón o alguno de sus sirvientes; y en esa misma medida, el yo se relaciona consigo mismo y se define bajo las categorías del mundo o bajo los rasgos más mundanos de lo pecuniario. De hecho, en ese mismo sentido, Gabriel Zaid ha apuntado que la narrativa de Elizondo "nos enfrenta a una zona de la realidad: la que ocupa nuestra conciencia cuando se ocupa de su propia inmersión de la realidad",[31] y es que al haber perdido el dinamismo de la relación con la Vida, el viviente no tiene más opción que encontrarse con las cosas del mundo y buscar en ellas verse reflejado; y no hay pecado más grande que el de tratar de seducir a Dios.

Así, una de las consecuencias más graves de dejarse dominar por la trama del problema es la formulación del problema de la identidad de la persona en términos de preferencias, notas y características. El fetiche consagrado de la "identidad" es el epítome del ensalzamiento de una visión problemática de la realidad. Intentar definir la existencia humana por sus notas mundanas: sexo, color de piel, nacionalidad, profesión, partido político, género, religión o alguna otra característica situacional significa el fracaso de la aceptación de la Vida. Significa para mí el capital olvido de que mi ser es recibido y que me es dado por una condición que no permitirá nunca que yo sea definido, precisamente, por una nota de mi propio yo. Porque el reconocimiento de la Vida como la condición de posibilidad del mundo y como el origen y el motivo último de mi libertad supone, justamente, que yo no

---

30   Es muy interesante referir aquí la noción que Jean-Luc Marion desarrolla de "ídolo" y el contraste que establece con la noción de "ícono", y que permite comprender la objetivación moderna como una fetichización de lo icónico, como un hacer opaca a la traslúcida Vida: "Lo que cualifica al ídolo material es justamente que el artista puede en él consignar el subyugante resplandor de un primer visible; por el contrario, lo que cualifica al ícono pintado sobre la madera no proviene de la mano de un hombre, sino de la profundidad infinita que lo atraviesa o, mejor, que lo orienta siguiendo la intención de una mirada". Jean-Luc Marion, *Dieu sans l'être*, París, Presses Universitaires de France, 1991, p. 33.

31   Gabriel Zaid, "Realismo de *Farabeuf*", en Salvador Elizondo, *Farabeuf*, p. 217.

soy realmente un problema a ser resuelto y que ningún concepto ni definición podrá capturar jamás mi intimidad más honda.

El viviente es una existencia libre, y ser libre significa, precisamente, no estar definido por nada propio del mundo sino por la vulnerabilidad por la que la Vida me vivifica. Las políticas de la identidad son, en ese sentido, el fracaso de toda política que quiera presentarse como oportunidad para tejer sociedades convivenciales; han fallado en el acto de reconocer que ningún yo está para sí mismo, y que es sólo en la relación y en la comunidad como el movimiento del amor que comprende al ser humano puede hacerse, de alguna manera, tangible.

Desde la trama que el problema teje, el ser humano queda comprendido en la gravísima y hasta cierto punto espeluznante categoría de "solucionador de problemas"; como si la libertad fuera simplemente una función que se activa dentro del sistema-mundo para que éste pueda proseguir su curso, evolucionar o crecer; o bien para que la historia pueda desenvolverse según los designios autónomos y dirigidos de la razón vigorosa. Es cierto que la vida humana está llena de problemas, y es cierto también que el ser humano es capaz de solucionarlos. Pero no todos. De hecho, más bien, hay más problemas creados por el ser humano que problemas por él solucionados. Incluso los alimenta como son alimentadas las fieras dentro de un zoológico. Definir al ser humano como solucionador de problemas es el resultado de tratar de comprenderlo como capaz de controlar al mundo, es decir, como *causa sui*; es olvidar el hecho de que incluso los problemas pueden ser ocasión para el recibimiento de la Vida por parte de la libertad. Si algo ha de definir la relación del ser humano con la trama propia del problema no es precisamente su poder de solución –que además, en cierta medida, comparte con otras criaturas del reino animal–, sino su dificultad para ello, o la posibilidad que tiene de reconocer sus faltas y la necesidad de luchar contra el cáncer que puede ser para sí mismo. La trama del problema es una desgraciada dimensión a la que se ve obligado a entrar el viviente por su estar incrustado en un mundo roto, y por haberlo roto él mismo. Quizá lo que más pueda describir al viviente y a su libertad situada es la vulnerabilidad que le permite reconocerse necesitado y permanentemente en deuda. No sabemos por qué llora el hombre que llora, pero es posible suponer que él está más cerca de la Vida que la abuela y el nieto que fueron a regodearse en sus lágrimas.

Bisagra

La razón: alteridad y vulnerabilidad

Que no hagan callo las cosas ni en el alma ni en el cuerpo.

León Felipe

1. El problema del problema

Entre el problema y el misterio, hace falta una bisagra. Marcel nos advierte con preocupación sobre la constante confusión entre ambos y, especialmente, contra la libidinosa reducción del segundo al primero: "Sin duda, siempre cabe la posibilidad (lógica y psicológicamente) de degradar un misterio para hacer de él un problema; pero ése es un procedimiento profundamente vicioso cuyo origen quizá deba buscarse en una especie de corrupción de la inteligencia".[1] Efectivamente, la posición de la libertad en el mundo, su superioridad ontológica respecto de él, facilita su sentimiento de "poder", de ser capaz de alterar la realidad, de actuar en ella, de transformarla. Enamorarse de ese poder es sumamente sencillo, porque trae consigo las dulzuras de la complacencia. El encandilamiento libidinoso de la libertad ante sus propias capacidades resulta, sin embargo, un nuevo problema. Queda oscurecida su capacidad de alteridad y de vulnerabilidad, y termina así engañándose sobre su propia situación que, a pesar de estar bien colocada en el espacio y en el tiempo, es en realidad deudora de la Vida que la ha puesto ahí.

Puesta por sí misma la libertad en su propia posición libidinosa, cae en la trampa que Marcel nos ha advertido. Mi uso del término *libido* es técnico. Remite a la antropología agustiniana: "Confieso mi error, y me alegro muchísimo de haber visto al fin claramente qué es aquel deseo culpable que llamamos libido. Ahora veo con evidencia que consiste en el amor de aquellas cosas que podemos perder contra nuestra propia voluntad". Para Agustín, el deseo libidinoso consiste en aquel

---

1 Gabriel Marcel, *El misterio del ser* en *Obras selectas 1*, Mario Parajón (trad.), Madrid, Biblioteca de Autores Cristianos, 2002, p. 190.

deseo que se deja obnubilar por los bienes que pueden perderse, incluso en contra de la propia voluntad.[2] Ella se transforma en libido precisamente cuando quiere tomar el control de lo controlable y asirse a ello como si fuera el Bien perfecto, que es, en el fondo, lo único que debe amarse con toda el alma.

El misterio, y los dones que a través suyo le son regalados a la libertad, no se puede controlar, pero cuando son perfectos, tampoco se pueden perder. La libertad libidinosa quiere ser señora de la realidad, del espacio y del tiempo, y dominar a sus anchas todo lo que le es dado, haciendo de la Vida un objeto de su control. La libertad, pues, no está en sí misma en el principio de su existencia, sino que debe conquistarse. "Libre" no es un predicado que convenga al ser humano más que después de que ha transitado por ciertas zonas de su propia esclavitud. Libre, la libertad debe hacerse libre. Por eso, descubrir el enigma y haberlo visto de frente no es todavía la madurez del viviente. Así lo señala García-Baró:

> El niño o el adolescente que ya ha descubierto al menos los lados más patentes del enigma de la existencia y ha ido así habitando en la situación de pregunta radical y apasionada que es la actitud 'fundamental', no puede aún ser en plenitud un sujeto religioso ni un metafísico; tampoco se encuentra en condiciones de ejercer la autonomía existencial impulsada por la santidad de los deberes absolutos y la urgencia de la lucha contra el mal. No es, pues, en plenitud un sujeto ético.[3]

Hace falta algo más para que la libertad rompa su caparazón libidinoso, al que tiende permanentemente por amor a su propia vida en el mundo. La vida de la libertad no es una vida biológica, pero está inserta en ella. Su vida no es la característica metabólica de la que gozan algunos seres no inertes y por la cual nacen, crecen y eventualmente mueren; esa vida busca su mantenimiento a toda costa bajo la forma de la especie pues, aunque lucha contra la muerte, tarde o temprano con ella terminará topándose. Pero la vida de la libertad trasciende lo biológico, como ya lo hemos mencionado. Es una existencia que, si bien está vinculada a sus miembros corporales y a los procesos biológicos que a ellos se imponen, en realidad es biografía y sentido espiritual.

Un ejemplo del que gustaba Gabriel Marcel para explicar este asunto es el de la enfermedad. Ésta es un suceso que no acontece en pura sede corporal. Cuando una persona enferma, es inexacto e impropio atribuir la enfermedad a alguno de

---

2   Agustín de Hipona, *El libre albedrío*, en *Obras completas III*, Evaristo Seijas O. S. A. (trad.), Madrid, Biblioteca de Autores Cristianos, 2009, I, IV, 10.

3   Miguel García-Baró, *De estética y mística*, Salamanca, Ediciones Sígueme, 2007, p. 33.

sus órganos o a ciertas células. O incluso al cuerpo entero considerado como el sujeto de esa enfermedad. Uno enferma del estómago o contrae un cáncer de colon. Evidentemente hay problemas con el primero y con el segundo de esos órganos. Definitivamente estar enfermo tendrá que ver con alguna disfunción estomacal, con algún extraño virus que se ha alojado ahí, o con la reproducción azarosa y deforme de las células del colon. Pero la significación que esa enfermedad tiene para la vida de una persona trasciende el mero hecho biológico. El enfermo es el ser humano, y la experiencia de la enfermedad ocurre a toda su humanidad, de modo que la libertad se ve interpelada, y quizá ahora deba situarse de un nuevo modo frente al mundo, ante sí y ante la Vida.

En uno de sus libros más importantes, Iván Illich se enfrenta a la sociedad medicalizada para señalar que una de sus más grandes perversiones es buscar aniquilar la experiencia de sufrir el dolor y, con ello, ha contribuido de manera proverbial a la objetivación de la Vida.

> El dolor es el signo de algo no contestado; se refiere a algo abierto, a algo que en el momento siguiente hace preguntar: ¿qué pasa? ¿Cuánto más va a durar? ¿Por qué debo / tendría que / he de / puedo / sufrir yo? ¿Por qué existe esta clase de mal y me toca a mí?[4]

Para Illich, la medicalización atrofia el sentido espiritual que puede tener el dolor en la existencia humana porque detiene, esclerotiza, paraliza la búsqueda de sentido que podría detonar. La lógica del problema es incapaz de mirar en el dolor un misterio que le envuelve y que le empuja a avanzar existencialmente hacia una mayor libertad.

Entre el problema y el misterio ha de haber una bisagra que permita el tránsito del espíritu humano a través del Estigia: del sujeto del panel de control al viviente vulnerable que se entrega a aquello que lo envuelve y lo sobrecoge. Las preguntas que el dolor coloca en el sujeto son una invitación a remover los posos que han sedimentado en hábitos y a investigar sobre las posibilidades de un nuevo suelo (o suspenso) existencial. El movimiento por el que la libertad se separa de la costra de su costumbre y pregunta por las posibilidades de un nuevo sentido es realizado por la razón, por el *verbum* que, en la palabra no necesariamente pronunciada ni necesariamente lingüística, confronta las tesis que la sostenían con lo que ahora se le revela. Es un movimiento que sólo puede ser realizado por una dimensión porosa del espíritu, abierta, que al mismo tiempo pueda ser tanto agente de sí

---

4   Iván Illich, *Némesis médica*, en *Obras reunidas I*, Juan Tovar (trad.), México, Fondo de Cultura Económica, 2006, p. 650.

misma como receptáculo y pasividad: "En la enfermedad –señala Marcel– se capta claramente la articulación entre lo vital y lo espiritual [...] nos permite ver cómo y por qué esa articulación no puede dar lugar a un saber".[5] Y es que "tener razón" no quiere decir necesariamente que las proposiciones que el sujeto sostiene en una discusión son verdad por encima de las proposiciones de su contrincante. En este texto Marcel se refiere a conocimientos técnicos, replicables, procedimentales, pero se refiere también al afán del concepto que una razón desengarzada de su vida tiende a perseguir. Concepto y argumento son elementos centrales de la vida de la razón; pero ella sólo es razonable cuando se ciñe a la evidencia de lo que acontece, especialmente cuando la evidencia no es la de la percepción sino la del asalto de la Vida que, invisible y por esa invisibilidad, es lo único profundamente evidente. Chesterton nos ayudará a profundizar en algunos elementos centrales de la bisagra entre el problema y el misterio.

2. Dar razón. Dos cuentos de Chesterton

Aristóteles definía al ser humano como ζῷον λόγον ἔχον, como un animal racional.[6] La taxonomía de Linneo lo define como *sapiens sapiens*. Podría escribirse una historia de la filosofía y de la ciencia que explorara las múltiples interpretaciones de lo que significa el *lógos* griego y el *sapiens* latino en ambas expresiones. ¿Qué significa ser racional o cognoscente?

Tradicionalmente, la expresión de Aristóteles se asocia a la posesión del lenguaje. La fórmula de Linneo a la capacidad de técnica. Ambas realidades remiten a la cultura y a una cierta separación respecto de la naturaleza, entendida ésta como el reino de la causalidad y de la necesidad. El lenguaje, podría argumentarse, es la primera técnica: de él se sirve el ser humano para dar forma a su mundo y habitar la naturaleza que, inhóspita, ha de ser domesticada para servir de hogar. Ser racional es, de alguna manera, ser capaz de dar un salto hacia atrás para mirar la realidad desde una perspectiva distinta de la inmediatez. Este salto, además, no puede realizarse en soledad. El lenguaje es posible debido a una comunidad en donde se aprende y en donde se ejerce. Así, por ejemplo, Helmuth Plessner apunta que lo propio del ser humano es la "excentricidad",[7] Günther Anders señala que es

---

5   Gabriel Marcel, *El misterio del ser*, p. 189.

6   Aristóteles, *Política*, Antonio Gómez Robledo (trad.), México, UNAM, 2018, 1253a1.

7   Cfr. Helmuth Plessner, *La risa y el llanto. Investigación sobre los límites del comportamiento humano*, Lucio García Ortega (trad.), Madrid, Trotta, p. 2007.

la "no-identificación", relacionada con su no pertenencia al mundo: "Su relación con una determinación del mundo, de hecho, es relativamente débil; el hombre se encuentra en espera de lo posible y de 'lo cualquiera'",[8] y Claude Romano, en una extraña continuidad quizá no intencionada con Anders, describe la existencia humana como "el viniente", es decir, el ser al que advienen acontecimientos, y sólo a través de ello se forma sus posibilidades de mundo y de sí.[9] En los tres casos estamos ante una cierta forma del *a posteriori*: no puede saberse quién es el ser humano antes de que viva, actúe y de que intente algo en el interior de la historia. Debe aprender a esperar, y sólo en esa espera y en la acción motivada por ella podría irse revelando el sentido de su nombre. Su carácter racional supone su no-identificación con las categorías causales del mundo y, aunque existe en ellas, su libertad no está por ellas definida.

G. K. Chesterton es, así, el gran escritor de la razón. Su personaje más famoso, el padre Brown, encarna por un lado la agudeza perspicaz de la razón activa y, por otro lado, la paciencia y la espera de quien da espacio en sus palabras y en sus actos a que la pasividad y el acontecimiento advengan a la historia. Comentaré aquí dos relatos, que sintetizaré brevemente a continuación.

"La honradez de Israel Gow", contenido en *El candor del padre Brown*, la primera serie de cuentos, está situado en un castillo escocés, en donde se encuentran los personajes: el padre Brown –por supuesto–, Flambeau –su amigo detective–, Lord Glengyle, Israel Gow y algunos otros funcionarios encargados de resolver la misteriosa muerte del amo del castillo, que había sido puesto en un ataúd por algunos de los empleados del lugar.

Sentados todos los interventores a la mesa, Flambeau explica al padre Brown, y al lector, que han encontrado en el castillo una serie de objetos extraños y de incógnita conexión: numerosos diamantes sin monturas, abundante rapé fuera de una tabaquera o bolsa repartido por toda la casa, montoncitos de pequeñas piezas de metal, varias velas sin candelabros y, finalmente, misales a los que les han sido raspados algunos detalles de las cubiertas, que estaban grabados en oro. Destaca, por encima de todo y casi en todos los asistentes, la confusión y la perplejidad ante el carácter aleatorio y desvinculado de los objetos. Las cosas se complican cuando acuden a examinar el cadáver y se dan cuenta de que no tenía cabeza, así que el padre Brown decide, ante el desconcierto generalizado, irse a

---

8　Günther Anders, "Patología de la libertad. Ensayo sobre la no-identificación", en *Acerca de la libertad*, Virginia Modafferi y María Carolina Maomed Parraguez (trads.), Valencia, Pre-Textos, 2014, p. 67.

9　Cfr. Claude Romano, *El acontecimiento y el mundo*, Fernando Rampérez (trad.), Salamanca, Ediciones Sígueme, 2012.

dormir y enviar a todos a hacer lo mismo. Al día siguiente el crimen se resuelve cuando, finalmente, después de muchos diálogos, siestas y suposiciones, el padre Brown se da cuenta de que no hubo crimen alguno: nadie mató al conde, sino que simplemente ha muerto, y ha sido el trabajador del castillo, Israel Gow, quien ha recolectado escrupulosamente todo el oro contenido en él –incluido el de la dentadura del conde, los candelabros, las monturas, las piezas de relojería– y ha dejado dentro del castillo todo lo que no fuera tal. El acto ha sido honesto y legal, pues era el legítimo heredero del conde.

El modo de resolución de este enigma es muy extraño. Lejos del método inductivo que destaca en las novelas de Sherlock Holmes, el padre Brown recurre a otro tipo de sabiduría para resolver las incógnitas criminales a las que se enfrenta. El primer dato por destacar de este relato es la ironía con la que el padre Brown demuestra las diferencias entre razón e imaginación. Luego de que le muestran, en la mesa, los distintos objetos y su aparente carácter aleatorio, él revira instantáneamente con una hipótesis razonable sobre la conexión de los objetos. Ellos responden:

> —¡Qué suposición más extraordinaria y perfecta! —exclamó Flambeau–. ¿Y cree usted que realmente es verdadera?
> —Estoy enteramente seguro de que no lo es —contestó el padre Brown–.[10]

Y acto seguido, con encantadora ironía, el padre Brown vuelve a hacer otra supuesta conexión, ante la que sus acompañantes vuelven a manifestar admiración. El padre Brown vuelve a burlarse de ellos, hasta que finalmente les advierte: "Fácil es construir diez falsas filosofías sobre los datos del universo, o diez falsas teorías sobre los datos del castillo de Glengyle. Pero lo que necesitamos es la explicación verdadera del castillo y del universo".[11]

Sería difícil exagerar la importancia de la verdad de Perogrullo que el padre Brown enuncia aquí. Pero la filosofía suele olvidarla. La razón abandonada a sí misma, desengarzada de la carne en la que habita, es capaz de viajar sola diez mil kilómetros con argumentos extraordinariamente lógicos y convencerse de la verdad de sus hipótesis, especialmente cuando éstas están hechas a diez mil kilómetros de su objeto de estudio y no guardan ya ninguna relación con él. La razón no es verdaderamente virtuosa en la consistencia, ni en la perfección lógica, ni en la cuadratura del sistema que construye. La razón es virtuosa cuando es porosa y se

---

10 G. K. Chesterton, "La honradez de Israel Gow", en *El candor del padre Brown*, Alfonso Reyes (trad.), México, Losada/Océano, 1999, p. 137.

11 *Ibid.*, pp. 138-139.

ancla en la evidencia, en la experiencia misma que tiene del mundo y de sí; cuando es fiel a la alteridad que se le presenta independientemente de sus inclinaciones y sus preferencias. El principio chestertoniano guarda aquí una enorme relación con la célebre propuesta con la que Husserl quería recuperar a la filosofía moderna de sus desvíos racionalistas:

> No hay teoría concebible capaz de hacernos errar en cuanto al PRINCIPIO DE TODOS LOS PRINCIPIOS: que TODA INTUICIÓN ORIGINARIAMENTE DADORA ES FUENTE LEGÍTIMA DE CONOCIMIENTO; que TODO lo que se nos OFRECE EN LA "INTUICIÓN" ORIGINARIAMENTE (por decirlo así, en su realidad en persona) HAY QUE ACEPTARLO SIMPLEMENTE COMO LO QUE SE DA, pero también SÓLO EN LOS LÍMITES EN QUE EN ELLA SE DA. Vemos con intelección, en efecto, que ninguna teoría podría a su vez sacar ella misma su propia verdad sino de las daciones originarias. Toda enunciación que no hace más que prestar expresión a tales daciones mediante mera explicitación y significaciones fielmente ajustadas a ellas, es entonces realmente, como hemos dicho en las palabras iniciales de este capítulo, un COMIENZO ABSOLUTO, destinado a la fundamentación en el sentido, *principium*.[12]

Para Husserl, "razón" significa apego a la evidencia. Ser racional supone ajustarse en el máximo de las posibilidades y esperando lo que haya que esperar, en el juicio, única y solamente a las vivencias que nos ofrecen un dato originario, siempre que eso sea posible. Husserl es el campeón del imperativo moral de la razón entendido como el deber teórico de radicalismo: no apresurar el juicio, fundarlo siempre que sea posible en evidencia originaria y tomarlo siempre dentro de los límites que la experiencia nos impone.

Este "principio de todos los principios" no es considerado por Husserl exclusivo de la fenomenología, sino que está propuesto por él como el ideal de la razón al que cualquier filosofía y conocimiento científico debería aspirar.[13] Así vuelve a redundar en la idea de una auténtica ciencia como fundamentada en la evidencia:

---

12 Edmund Husserl, *Ideas relativas a una fenomenología pura y una filosofía fenomenológica. Libro primero: Introducción general a la fenomenología pura*, Antonio Zirión (trad.), México, Fondo de Cultura Económica, 2014, pp. 129-130.

13 Sobre la lectura e interpretación de este principio, y lo que significa el célebre lema "a las cosas mismas" con él relacionado, recomiendo ver el fundamental debate que sostuvieron Antonio Zirión y Ángel Xolocotzi sobre el asunto, recogido en *¡A las cosas mismas! Dos ideas de la fenomenología*, Morelia/Puebla, Miguel Ángel Porrúa, 2018.

> La evidencia, *en el sentido más amplio posible*, es 'experiencia' de la exis-
> tencia y de la esencia de las cosas: un llegar a ver con el espíritu las cosas
> mismas [...]. La evidencia perfecta y su correlato, *la verdad pura y auténti-
> ca*, se da como una *idea* inherente al deseo de conocimiento, de confirma-
> ción de la intención asuntiva, o colegible viviendo este deseo.[14]

Naturalmente, esta "evidencia perfecta" es un ideal de la razón, pero un ideal
regulatorio que funciona como la cumbre del conocimiento. Conocimiento racional no es así, únicamente, el conocimiento que se consigue bajo el método hipoté-
tico deductivo de la ciencia moderna positivista, sino todo conocimiento que haya
pasado por la experiencia originaria y haya alcanzado la verdad. Esto admite gra-
dos, por supuesto, pero es una exigencia no solamente epistémica sino, de acuerdo
Husserl y con García-Baró, realmente moral:

> Es preciso para todos los hombres edificar la vida sobre la verdad, de
> modo que a nadie, sean cuales sean las circunstancias históricas y cul-
> turales que le toquen, le está permitido pasar su existencia sin intentar
> retroceder hasta las fuentes de donde brota, en la experiencia original y
> en primera persona del singular, el sentido de las verdades que de hecho
> acepta en su praxis cotidiana.[15]

La vida de la razón es una exigencia de corte moral, un imperativo que el padre Brown busca vivir y aplicar en sus métodos de investigación, y que todo ser
humano que quiera salir de una visión problemática debería asumir como propio.
Es cierto, por supuesto, que este ideal también puede conducir a exageraciones
injustas y a depravaciones del conocimiento de las que querría prevenir. La primera de ellas es, justamente, el prurito de "evidencia" y colocar dentro de la noción
de "experiencia originaria" lo que ordinariamente llamamos "percepción". Así lo
hizo Husserl, y para él, la percepción era el paradigma de la vivencia originaria, el
lugar en el que la realidad se entrega con mayor intensidad y con mayor evidencia.
Ello es real y verdadero para las realidades del mundo, es principalmente cierto
para los objetos de las ciencias y para una enorme cantidad de vivencias cualita-
tivas que incluso para las ciencias estarían veladas: los valores, los deberes éticos,

---

14   Edmund Husserl, *Meditaciones cartesianas*, José Gaos y Miguel García-Baró (trads.), México, Fondo de Cultura Económica, 2005, p. 52.

15   Miguel García-Baró, *De estética y mística*, p. 235.

la lógica, las matemáticas, la historia o la gramática. Cada región de la realidad puede darse a la percepción de una cierta manera y con una cierta intensidad, y en esa medida podrá apelarse a la percepción como el lugar de la evidencia.

Pero una razón que busque ser verdaderamente justa con el deber de radicalidad teórica al que está obligada, deberá reconocer que hay regiones de la realidad que se rehúsan a ser capturadas y obtenidas desde la forma natural de la percepción. La lógica del problema imbuye normalmente al sujeto a pensar que la racionalidad objetivante es el modelo de conocimiento. Pero si el ideal del radicalismo teórico ha de cumplirse cabalmente, entonces la razón debe reconocer que sus propios raciocinios, coherencias o intencionalidades son muchas veces insuficientes para dar cuenta de la existencia humana y de los fenómenos que a ella le acontecen. Por eso la razón es bisagra hacia el misterio: una razón adecuada será la que reconozca su fragilidad y se disponga en la pasividad necesaria para que la realidad, en tanto alteridad ontológica, le muestre qué es y cómo es. Que el ser humano sea un *a posteriori*, como lo argumentaba Anders, que la verdad sólo pueda conocerse en la acción y después de la acción, como lo argumentaba Blondel, implica renovar la noción de razón.

El padre Brown intuye frecuentemente esas limitantes de la razón y deja espacio a que el misterio advenga y le muestre la verdad. Es absolutamente significativo que, justamente en el momento de mayor confusión respecto del misterio –cuando descubren que al cadáver le faltaba el cráneo, un dato que no encajaba de ninguna manera en los relatos "racionales" que los detectives y policías se hacían– quiera él irse a descansar:

—Padre —dijo Flambeau, con aquella voz grave e infantil que tan raras veces se le oía–. ¿Qué hacemos?
La respuesta de su amigo fue tan rápida como un disparo:—Dormir —dijo el padre Brown–. Dormir. Hemos llegado al término del camino.
¿Sabe usted lo que es el sueño? ¿Sabe usted que todo el que duerme cree en Dios? El sueño es un sacramento, porque es un acto de fe y es un acto de nutrición. Y necesitamos un sacramento, aunque sea de orden natural. Ha caído sobre nosotros algo que muy pocas veces cae sobre los hombres, y que es acaso lo peor que les puede caer encima.
Los abiertos labios de Craven se juntaron para preguntar:
—¿Qué quiere usted decir?
El sacerdote había vuelto ya la cara hacia el castillo cuando contestó:
—Hemos descubierto la verdad, y la verdad no hace sentido.
Y echó a andar con un paso inquieto y precipitado, muy raro en él. Y

cuando todos llegaron al castillo, se acostó al instante y se durmió con tanta naturalidad como un perro.[16]

La escena es de extraordinaria ironía. La perplejidad sólo ha aumentado con el descubrimiento de la ausencia de la cabeza en el cadáver. Y Brown los manda a la cama. El absurdo sólo puede explicarse de una manera: la perplejidad y el bloqueo de la razón se remedia encarnándola, devolviéndola a la carne en la que habita. Hay que parar, descansar, atender las necesidades ordinarias. A eso el padre Brown le llama "sacramento", lo que para la teología católica es una ayuda de Dios, es la manifestación o el vehículo sensible de su gracia. Si bien está claro que el padre Brown apela a esa gracia divina, existe el riesgo de leer este pasaje sólo desde la fuga teológica, por la cual, ante un impedimento y una crisis de la razón, hay que abandonarse a la fe y esperar que Dios venga a la ayuda de los hombres. Sin embargo, el padre dice algo más: "Necesitamos un sacramento, aunque sea de orden natural", lo que puede leerse como una gracia reconfortante: restaurar el cuerpo, para que los devaneos del *verbum*, agotado y sorprendido, no se descarrilen. De este modo, el pasaje acepta una primera lectura según la cual la razón también se cansa, y entonces su descanso tiene que ver con su incorporación, con su encarnación, por su habitar en un sujeto que no existe desengarzado del mundo y que en esa carne que él mismo es, encuentra una redirección hacia la evidencia que persigue. Pero también hay una segunda lectura, y es que este "descanso" es también una forma de la paciencia y de la espera. Es adquirir conciencia de que la razón tiene límites que, más allá de que después de un descanso pueda ensancharlos, han de ser enmendados por alguna alteridad que provenga del exterior de sí misma. Esto, ciertamente, es una de las formas de la fe. Pero lo que el padre Brown muestra es que ella no es un cercenamiento o una castración, ni tampoco comparece como "lo otro" de la razón sino como uno de los actos que están disponibles para ella. Creer es una forma de ejercer la razón, al menos desde la tradición que ancla en san Agustín: "Creer no es otra cosa que pensar con asentimiento".[17] La fe es una cierta forma del pensamiento, que se caracteriza por estar acompañada de asentimiento. Así, el padre Brown recuerda a sus angustiados acompañantes

---

16   G. K. Chesteron, "La honradez de Israel Gow", pp. 144-145. La respuesta del padre Brown: "We have found the truth; and the truth makes no sense", fue traducida por Alfonso Reyes de manera literal: "La verdad no hace sentido". No sé quién soy yo para corregir al maestro Reyes, pero es cierto que en español ese sintagma es incorrecto. En español, el sentido no "se hace", sino que se tiene o no se tiene.

17   Agustín de Hipona, *La predestinación de los santos*, en *Obras completas VI*, Emiliano López O. S. A. (trad.), Madrid, Biblioteca de Autores Cristianos, 1955, II, 5. La traducción es mía. Así el original en latín: *credere, nihil aliud est, quam cum assensione cogitare*.

que la investigación que emprende la inteligencia puede ser conducida de muchas maneras, sin tener por ello que apelar a imaginaciones o fantasías que no vinculan en el fondo al ser humano con el ser de la realidad; recuerda que la razón puede adoptar muchas formas y no únicamente su modalidad objetivante de cosa y de fetiche, no únicamente su afán cuantitativo, perceptivo y matematizante. La razón también es razón cuando acepta su fatiga, cuando reconoce el límite de su alcance, cuando espera, en la paciencia, que una alteridad pueda socorrerla. La razón es también escucha, incluso cuando lo que le sea dado contradiga o lastime los presuntos logros que había obtenido. Es racional, numerosas veces, desandar el camino de la razón para retractarse y para reformular las hipótesis que sobre la verdad ha venido haciendo.

"Los tres instrumentos de la muerte" es un cuento muy distinto, aunque también se trate de un muerto. Chesterton nos cuenta la historia de Aaron Armstrong, quien ha aparecido supuestamente asesinado. Desde el primer momento, el narrador advierte lo insólito de esa hipótesis sobre su muerte: "Había algo de incongruente y absurdo en la idea de que una figura tan agradable y popular tuviera la menor relación con la violencia secreta del asesinato. Porque sir Aaron Armstrong era agradable hasta el punto de ser cómico, y popular hasta ser casi legendario".[18] De este modo, Chesterton nos sitúa ante un acontecimiento extraño, cuya explicación primera, supuesta por todo el mundo, es aceptada por ese mundo en contra de su sentido común, o en otras palabras, de su prejuicio: "Un hombre alegre no puede ser asesinado".

En el drama hay varios actores: Aarón Armstrong –el muerto–, Alice –la hija de Armstrong–, Patrick Royce –secretario del difunto, célebre bohemio y amante prohibido de Alice–, Magnus –lacayo y sirviente del difunto–, y cuatro detectives: Mr. Merton, el padre Brown, Mr. Gilder –jefe de Merton– y, obviamente, el famosísimo Flambeau.

El relato se desarrolla principalmente bajo la forma del diálogo. No hay demasiados acontecimientos. Chesterton se ocupa, en cambio, de relatarnos los distintos diálogos que sostuvieron entre ellos y el modo como se iban formulando unas y otras hipótesis sobre la causa de la muerte. Destaca en este cuento la confusión de esas hipótesis, que únicamente mencionaré: primero se sospecha de Magnus, luego de la hija y finalmente de Royce, quien se confiesa culpable y a quien están a punto de llevarse preso. Para ahorrar al lector el enredo, he aquí el desenlace: el padre Brown impide el arresto al comprender que no ha habido asesinato, sino un intento de suicidio e intentos fallidos por impedirlo.

---

18   G. K. Chesterton, "Los tres instrumentos de la muerte", en *El candor del padre Brown*, p. 269.

La clave del relato y de la solución por parte del padre no está tanto en la forma como advierte que los supuestos instrumentos de muerte: una cuerda, un cuchillo y una pistola, no fueron usados para matarle y que más bien murió de la caída del balcón, sino que está en el fino análisis que hizo de la personalidad de sir Armstrong.

Las distintas hipótesis que se van presentando parten siempre de hechos fragmentarios: un sospechoso tiene sangre en la mano, otra empuñaba la pistola cuando abrieron la puerta de la habitación de la que había caído su padre, y el tercero se declara a sí mismo culpable, pero ninguna de las tres es prueba objetiva porque no hay relación evidente con la causa de la muerte: una caída. "Tenemos ya el cuchillo para apuñalar, la cuerda para estrangular y la pistola para disparar; y todavía hay que añadir que el pobre señor se rompió la cabeza al caer de la ventana. Esto no va bien, no es económico".[19] El principio de economía en la elaboración de las hipótesis es fundamental en los itinerarios argumentativos de la razón, sea la disciplina que sea. La famosa navaja de Ockham sugiere que, dado el carácter enigmático o misterioso de un sinnúmero de realidades, el abordaje de la razón ha de ser cauteloso, y esa cautela pasa por apelar a la menor cantidad de postulados, de manera que, entre una explicación con muchos postulados y una explicación con pocos, es preferible la segunda. Así, el padre Brown descarta las hipótesis que inculpan a los tres sospechosos porque no tienen sentido de acuerdo con este principio: habrían usado un arma que, finalmente, no hubo necesidad de utilizar. ¿Cómo, pues, explicar la caída? ¿Qué móviles habría en alguno de estos sospechosos? Quizá es más económico eliminar de la teoría a los sospechosos. ¿Bajo qué razón y bajo qué argumento? Para el padre Brown es obvio: la perenne alegría de sir Armstrong.

Efectivamente, el interés antropológico del relato reside en el perfil espiritual de quien ha muerto. Sólo hay que poner atención a la personalidad del difunto para comprender lo que el padre Brown ha entendido, y Chesterton, de hecho, nos lo había advertido desde el inicio del relato. Aarón Armstrong estaba profundamente deprimido. Había fracasado espiritualmente en la cuestión del sentido, había renunciado a seguir explorando el enigma. Su vida era indeseable para sí mismo, y fue incapaz de seguirla soportando, hasta que apeló a la misericordia que sólo la muerte puede darle a un ser humano. Su última hipótesis de sentido sobre el Bien fue, trágicamente, la de la muerte por su propia mano.

---

19 *Ibid.*, p. 281.

"La vida privada es más importante que la reputación pública",[20] argumentaba el padre Brown. Había que ver el dolor interior de sir Armstrong con mucha mayor atención que las fiestas que organizaba en su casa. Su carácter de cascabel era totalmente falso y detrás de sus sonrisas y de su optimismo se escondía una profunda desesperación; y eso es precisamente lo que había que tomar en cuenta para comprender el sentido de estos acontecimientos. La razón cumple su vocación en plenitud cuando considera no solamente lo que aporta el espíritu de geometría, para decirlo en expresión de Pascal, sino también, y en este caso principalmente, el espíritu de fineza: "A la gente le agrada la risa frecuente –contestó el padre Brown–; pero no creo que le agrade la sonrisa perenne. La alegría sin humorismo es cosa muy cansadora"[21] y páginas más tarde:

> —¿Qué? —gritó Merton con tono incrédulo ¡Y su religión de la Alegría..!
> —Es una religión muy cruel –dijo el sacerdote mirando por la ventana–. ¡Que no haya podido él llorar un poco, como antes habían llorado sus padres! Sus planos mentales se endurecieron, sus opiniones se volvieron cada vez más frías. Bajo la alegre máscara se escondía el espíritu hueco del ateo.[22]

Las lágrimas y la tristeza forman parte esencial de la existencia humana. No hay vida humana sin dolor. Intentar desterrarlo de la vida es intentar desterrar, con él, también la risa sincera y la alegría. Por ello, no hay enfermedad más grande para la razón que el optimismo, y confundirlo con la esperanza o con la fe.[23] La alegría de Armstrong no podía ser real porque era perenne, y cualquier ser humano que tenga alma y que pueda observarla, aunque sea unos minutos, sabrá que la alegría perenne es una falsedad, una impostura, una manipulación y un artilugio. Lleva a la fractura de la personalidad y a la descomposición del mundo íntimo. La permanente alegría es fruto de una razón que busca imponer sus deseos juveniles, capitalistas y en el fondo desesperados, a los acontecimientos que advienen a su vida. Es una negación de la condición humana, una pervertida voluntad de pureza, catarismo redomado, donatismo coronado. La existencia humana está entreverada con el dolor, con la tristeza y, lamentablemente, con el mal. La condición mundana de la libertad está inscrita en la historia y participa de

---

20 *Ibid.*, p. 284.

21 *Ibid.*, p. 273.

22 *Ibid.*, p. 284.

23 Cfr. Terry Eagleton, *Hope without Optimism*, Charlotesville, University of Virginia Press, 2015.

sus monstruosidades. Y ha de luchar, sí, siempre, contra ellas y contra sus propios impulsos de perversidad. Pero es justamente esa condición de caída lo que la lleva a confundir la tristeza y el dolor con el mal, y a luchar entonces contra ellos como si fueran signo del abandono de Dios. El mal es real, pero no es necesariamente ni la tristeza ni el dolor. La alegría es bella, pero no siempre es real y no siempre tiene la última palabra. La Vida puede en ella manifestarse, pero su carácter gozoso es una tentación para el espíritu del ser humano. El dolor es el contrapunto necesario para aquilatar el alma y situarla en su correcta posición ante el mundo, ante la Vida y ante sí misma. Desesperado no es quien llora sino quien no puede esperar en sus lágrimas una caricia del amor.

La razón moderna ha querido excluir la tristeza y el dolor, enviándolos a la región ontológica de los problemas, como si no estuvieran ellos habitados de la trama más profunda y hermosa del misterio. En su afán de exactitud y su ansia libidinosa de sistema, rechaza las experiencias paradójicas que nutren el espíritu humano. Dada nuestra condición de mundo y considerando nuestro anclaje espiritual en la Vida, la situación del ser humano es, justamente, la paradoja y la ambigüedad. La razón no crece ni se afirma en la construcción de sistemas perfectos, sino que asume su verdadera posición cuando se planta ante la paradoja de lo humano y la acepta como le es dada, aunque esa aceptación la envíe a la zona moral de lo existencialmente inconcluso. La razón vigorosa es la ironía. Es la capacidad de tomar distancia del drama histórico y mirarlo desde la barrera, pero también es la capacidad de volver a él y asumirlo y sufrirlo en lo palmario de la carne, en el centro del ruedo. La razón es ese movimiento de ida y de venida, es la tensión que mantiene despierta y viva la *inquietudo cordis*, renunciando tanto a la amargura como a las satisfacciones prematuras. La razón es sólo tal cuando se aventura en el péndulo de la tensión paradójica de estar en la verdad y en la ignorancia, en el gozo y en el dolor, en el perdón y en el sometimiento. El Bien perfecto, en la condición actual de nuestro espíritu, puede ser monstruoso.[24] Una razón que busca perfección y armonía en estado puro es una razón sofística, miedosa, réproba, que ha renunciado a su condición verdaderamente humana. Pero esos son asuntos propios del misterio, que se revelan sólo a un viviente cuya razón se ha atrevido a pronunciarse cuando ha sido llamada y que ha sabido aguardar cuando lo que se le pide es apacentar su libertad bajo el modo de la espera.

---

24 "En el estado de Caída, la Belleza es un monstruo", Léon Bloy, *Diarios*, Cristóbal Serra (trad.), Barcelona, Acantilado, 2007, p. 187.

Capítulo III

Advenimiento del misterio

El misterio adviene a la libertad bajo la forma de la alteridad. No como una mera otredad, sino como lo que significa para mí un choque y una provocación. No solamente algo diferente, sino algo que me diferencia. ¿De qué? De mí mismo. De lo que siempre he sido y de lo que podría haber sido desde mis posibilidades antiguas.

En un sentido, sólo una alteridad puede realmente provocarme, sólo algo distinto de mí puede transformarme. El encuentro con lo mismo no es realmente un encuentro. Incluso si puedo aprender algo de un espejo, será en tanto que el reflejo que me muestra proviene de otro lugar. "Únicamente los encuentros con lo otro, con lo diferente, con lo que empieza por alienarnos durante un tiempo, significan algún progreso auténtico",[1] escribe García-Baró. Pero eso diferente sólo puede actuar en mí si, de alguna manera, comparte algo conmigo; si algo de ello está, de alguna manera, ya en mí; si esa "otra orilla", como gustaba decir Octavio Paz, es la orilla de un río común.[2] Una filosofía del misterio busca saltar de la orilla para navegar sobre la frontera que ese río constituye.

La razón vulnerada sitúa al ser humano en una posición límite e intermedia. Somos un gozne que vive en el mundo anclado en la Vida; nuestro cuerpo no es un cuerpo sino una carne espiritual. Nuestras acciones en el mundo escriben en el libro del cielo. ¿Qué clase de ser somos? ¿Ante qué nos enfrentamos? ¿En medio de qué misterio se despliega nuestra vida? Marcel utiliza una metáfora para describir la noción de misterio: "Es algo en lo que yo mismo estoy comprometido y que, por

---

1   Miguel García-Baró, *Del dolor, la verdad y el bien*, Salamanca, Ediciones Sígueme, 2006, p. 301.

2   Cfr. Octavio Paz, *El arco y la lira*, México, Fondo de Cultura Económica, 2003, p. 117.

tanto, sólo puede pensarse como una *esfera, en la que la diferencia entre lo que está en mí y lo que está frente a mí pierde su significado y su valor inicial*".[3] Bajo la figura de la esfera, Marcel da cuenta del fenómeno de la indiferenciación epistémica del misterio, o de su invisibilidad primaria: el en-mí y el frente-a-mí cesan de constituir posiciones distintas. Cuando el misterio nos visita, no lo hace por la puerta, sino que ya nos ha de alguna manera devorado y estamos en su interior. Esta metáfora, espacial, tiene sin embargo un problema: yo mismo no soy el misterio que adviene a mí vida, ¿cómo me distingo de él? El propio Marcel ofrece una clave para la respuesta. Dice que "es algo en lo que yo mismo estoy comprometido", no "metido".[4] El compromiso es una categoría temporal, no espacial. Supone estar dentro de una realidad bajo la forma de la promesa y de la responsabilidad, no bajo la forma de lo contenido en un continente. Implica trazar un arco temporal en el que se garantiza de antemano la presencia y el cumplimiento de la palabra dada. La noción de "misterio", así, nos permite comprender que la verdadera alteridad es la que acontece en el tiempo y no la que está en el espacio. El misterio conduce al viviente a nuevas líneas temporales, a futuros que no podían ser concebidos antes de su acontecer, a posibilidades inéditas que nunca podrían haberse dado si no fuera por el advenimiento de ese misterio.

Esta pertenencia al reino de lo temporal sitúa al misterio en la clase de realidades que no pueden verse con los ojos. Su invisibilidad es la trama sobre la que se revela la Vida. Sólo en ella puede mostrarse. De otro modo, la inteligencia humana la convertiría en objeto y haría de la Vida un viviente entre otros. La constituiría problema.

Si la noción de intencionalidad contribuía en la historia de la filosofía a vincular al sujeto viviente con el mundo y consigo mismo de un modo distinto que la confrontación y la visibilidad ocular, ahora la intencionalidad queda corta para dar cuenta de lo que significa el misterio para el viviente, y de lo que significa el viviente para sí mismo: recipiente traslúcido de lo invisible.

Para hacernos familiar la realidad del misterio, Marcel apela a experiencias cotidianas que no pueden ser aprehendidas bajo los métodos de la racionalidad

---

3   Gabriel Marcel, "El misterio del ser", en *Obras selectas 1*, Mario Parajón (trad.), Madrid, Biblioteca de Autores Cristianos, 2002, p. 190.

4   La versión francesa no admite este juego de palabras, pero sí una reflexión también interesante: *Un mystère est quelque chose en qui je suis moi-même engagé.* Dentro del verbo *engager* (comprometerse) habita la palabra gage, que significa "prenda", un objeto que el deudor entrega al acreedor como signo de la confianza que puede establecerse entre ellos. De alguna manera, en el misterio algo de mí queda como prenda para el establecimiento de una relación cuyo cumplimiento se dará en el porvenir. El misterio roba al sujeto su propia posesión, y ahora es él una deuda ante la alteridad que ha acontecido. Cfr. Gabriel Marcel, *Le mystère de l'être*, París, Aubier, 1963, p. 227.

objetivante, pues no existe método o técnica alguna para poder signarlo. Uno de estos ejemplos es la "hospitalidad": recibir a alguien en el hogar, o convertir un sitio en lugar habitable, o convertirse uno mismo en morada para el otro. La hospitalidad no puede reducirse a un problema que se pueda resolver mediante una lista de tareas, como la preparación de alimentos y bebidas, la disposición de lugares y la limpieza del entorno. Sin duda que ser hospitalario tiene que ver con ello. Pero abordar la visita de alguien desde una perspectiva puramente problemática resultaría en la experiencia de un anfitrión mecánico, que simplemente sigue un procedimiento establecido de manera rutinaria. No habría tiempo para estar con el huésped por la premura de tener el espacio siempre listo y pulcro. Aunque haya en ellas cierta forma de la magia, la experiencia del turista en el *resort* no es auténticamente hospitalaria. La verdadera experiencia de la hospitalidad está fundamentada en el reconocimiento de la singularidad y la profundidad de la relación entre anfitrión y huésped, involucrando una interacción significativa y personal que trasciende la mecánica de un proceso de producción. Convertirme en una persona hospitalaria implica la apertura de mi existencia al otro. Si bien esto puede involucrar gestos materiales como hacer regalos y considerar los gustos del visitante, preparar el café y los bocadillos que le gustan, la auténtica hospitalidad va más allá, e incluso puede darse en un lugar distinto a la casa. Sucede cuando me involucro personalmente en el acto de recibirlo y de acogerlo material y espiritualmente. Sólo así el otro percibirá si mi hospitalidad es genuina, es decir, si me he comprometido sinceramente en su bienestar y en la relación que establecemos en ese encuentro.

La primera hospitalidad es la de la escucha, decía Jean-Louis Chrétien,[5] y la escucha es una disposición espiritual que tiene mucho más que ver con el tiempo que con el espacio.[6] Ser hospitalario es abrir el tiempo para que el otro pueda ser

---

5   Jean-Louis Chrétien, *L'arche de la parole*, París, Presses Universitaires de France, 1999, p. 13.

6   Recomiendo amplísimamente el libro *Ser madre. Reflexiones de una joven filósofa*, de Carla Canullo, un estudio fenomenológico sobre la experiencia de la maternidad. En él, la profesora Canullo describe la maternidad como la experiencia de la "dilatación"; en principio y en primer lugar, la dilatación de la carne, que hace espacio para el otro, pero también la dilatación del tiempo bajo la forma de la "espera", que de hecho transforma el pasado y lo reconfigura: "El comienzo indisponible para nosotros de la vida del 'otro', me revela de golpe mi propio comienzo indisponible, y por lo tanto un comienzo a estas alturas pasado. En este sentido, el pasado no es simplemente lo que ha sido, sino aquello por lo que yo soy y del que yo procedo, o sea, el comienzo a partir del cual mi vida ha sorprendido otras vidas y hoy es capaz de sorprenderse. El pasado no es sólo aquello que ya sucedió, sino que se inventa y se descubre como *fuente y manantial*. No es simplemente lo sucedido, sino el comienzo que, aun siguiendo indisponible para nosotros, continúa sorprendiéndonos". Carla Canullo, *Ser madre. Reflexiones de una joven filósofa*, Luis Rubio (trad.), Salamanca, Ediciones Sígueme, 2015, p. 68.

sí mismo, es cancelar la prisa para gozar del presente y de la presencia del prójimo por mor de sí mismo, poniendo entre paréntesis el devenir cronológico del reloj. Es abrir un claro de anticipación escatológica, por el que se quiebre la atadura espacial del tiempo y se lance a éste a una forma kairológica en la que haya lugar a la distención espiritual, lo que sucede en la fiesta pero también, como lo ha apuntado bellísimamente Simone Weil, en la atención, que es una cierta forma pasiva de mirar para recibir al otro: "Esta mirada es, ante todo, atenta; una mirada en la que el alma se vacía de todo contenido propio para recibir al ser al que está mirando tal cual es, en toda su verdad. Sólo es capaz de ello quien es capaz de atención".[7] Intentaremos mirar este advenimiento del misterio –que si bien puede ser gozoso no está para nada exento del horror–, a partir de dos cuentos de Joyce y de un breve relato de Léon Bloy.

1. Iluminación y epifanía en dos relatos de los *Dublineses* de Joyce

Dublineses de James Joyce busca retratar, con realismo, la vida dublinesa. A diferencia del célebre *Ulises*, en él no se busca romper moldes literarios ni revolucionar la historia de las letras desde disruptivas, alternativas, juguetonas, herméticas y abigarradas técnicas narrativas. *Dublineses* está constituido por quince cuentos ordenados generacionalmente: de infancia, de adolescencia, de madurez y de vida pública. Los cuentos son independientes entre sí y cada uno de ellos tiene como momento culminante una "epifanía" por la que le es revelado al protagonista (o en algunos casos solamente al lector) una verdad crucial o un bien sobre sí mismo, a partir de los cuales no podría vivirse del mismo modo. El propio Joyce explica en *Stephen el héroe* –un primer borrador de lo que más tarde sería *Retrato del artista adolescente*– lo que entiende por estos momentos:

> Por 'epifanía' entendía una súbita manifestación espiritual, ya sea en la vulgaridad del habla o del gesto o bien en una fase memorable de la mente. Creía que era propio del hombre de letras dar cuenta de estas epifanías con extremo cuidado, notando que ellas son en sí mismas los momentos más delicados y evanescentes.[8]

---

7   Simone Weil, "Reflexiones sobre el buen uso de los estudios escolares", en *A la espera de Dios*, María Tabuyo y Agustín López (trads.), Madrid, Trotta, 2003, p. 73.

8   James Joyce, *Stephen Hero*, Londres, Jonathan Cape, 1944, p. 188. Todas las traducciones de los textos de Joyce son mías.

Igual que el misterio existencial en Marcel, cuya trama puede tomar y provocar la libertad de un individuo sin que éste constituya el fenómeno del misterio como tal, los protagonistas de Joyce reciben pasivamente y en algunos casos de manera incluso inconsciente, aprendizajes que los llevan a una profundización sobre el carácter de su propia singularidad. El misterio requiere tiempo para hacerse visible, uno puede vivir en él durante años y sólo atisbarlo y olfatearlo sin dar cuenta propiamente de él.

"Arabia" es el enternecedor cuento que cierra en Dublineses el ciclo sobre la infancia. El narrador vive en la calle North Richmond, que se nos describe como una calle cerrada, habitada por muchas familias con niños que salen a jugar de vez en cuando y en cuyo fondo estaba una escuela. La atmósfera es la típica de la cotidianidad del barrio, en donde uno puede imaginar a los niños jugando futbol, conociéndose a sí mismos entre malas palabras, raspones, cierta promiscuidad y sus primeros enamoramientos. Aparece entonces la hermana de Mangan, cuyo nombre permanece siempre incógnito para el lector. Entonces el protagonista, un púber de quizá once o doce años se manifiesta visiblemente enamorado de ella: "Nunca le había dirigido la palabra, y a pesar de eso su nombre era como un llamado para mi sangre alocada"[9] y más tarde, delicadísimamente nos describe Joyce: "Yo no sabía si algún día le hablaría o, si acaso algún día lo hiciera, cómo podría explicarle mi confusa adoración. Pero mi cuerpo era como un arpa y sus palabras y sus gestos como dedos corriendo sobre las cuerdas".[10] Con esta figura tan plástica: el alma como un instrumento de cuerda que es tocado por la voz de la chica amada, Joyce sitúa al lector en la tesitura del preadolescente enamorado.

Finalmente, el chico se anima a hablarle para invitarla a ir un domingo a un bazar de nombre "Arabia". La hermana de Mangan no puede ir pero él se ofrece a comprarle algo. Nuestro protagonista va entonces con su tío para pedirle permiso de ir al mercado, pero el tío no lo mira como a un adulto y ni siquiera lo escucha realmente, hasta que llega su tía, que convence a su marido y entonces le dan dinero al chico. Se ha hecho tarde y el viaje al bazar ha sido largo. Llega a deshoras, la mayoría de los puestos han sido levantados. Él, cual caballero andante, ha emprendido un camino al peligro de la adultez y de la vida pública para así lograr traer de vuelta una prenda para su querida. Pero la atmósfera del mercado es triste. Contrasta su aspecto lúgubre con el corazón de nuestro héroe, amueblado de ideales y de banderas. Puestos grises, apagados, afligidos; un ambiente decadente, el propio de una jornada comercial en donde ha pasado de todo y los tenderos están

---

9   James Joyce, "Araby", en *Dubliners*, Londres, Jonathan Cape, 1944, p. 30.

10   *Ibid.*, p. 31.

exhaustos de haber ofrecido a ofensivos marchantes sus productos que nadie quiso. El chico escucha una conversación entre una muchacha y dos jóvenes que están prácticamente cerrando. Ella, prosaicamente, se acerca a nuestro protagonista y le pregunta si va a querer algo. Él responde que no y agradece. El cuento termina con una gran decepción del héroe sobre sí mismo.

"Un caso doloroso" es un relato con una estructura muy similar. Los personajes son el Sr. James Duffy, la señora Sinico, su hija, su esposo y unos funcionarios que aparecerán hacia el final del texto. El cuento comienza con la descripción del Sr. James Duffy y su personalidad, sus peculiaridades psicológicas, que serán centrales y de gran interés antropológico. A continuación, Joyce narra al lector el encuentro de éste con la Sra. Sinico y su hija en un bar. Parece que se gustan, comienzan a frecuentarse y a reunirse periódicamente. Ella estaba casada con otro hombre, pero a pesar de ello comienzan a salir con mayor formalidad sin necesariamente implicar erotismo explícito alguno hasta que, en un momento dado, de pronto, ocurre un gesto de tremenda significación: ella toma la mano de él y la pone en su mejilla. Mr. Duffy no pudo soportarlo. ¡Enorme intimidad! Con esa caricia había cruzado ella una barrera afectiva insoportable, verdaderamente prohibida. Mr. Duffy decide alejarse. Juzga que han estado actuando verdaderamente mal... Después de un tiempo, un día cualquiera, dedicado Mr. Duffy a repasar sus remordimientos de conciencia, lee el titular de un diario: "Muere una mujer en la Estación Sidney". La nota incluye el nombre sagrado "Mrs. Emily Sinico". A partir de ese momento, nuestro personaje se derrumba moral y existencialmente e inicia un monólogo interior en el que pasa por todas las culpas y culpabilizaciones posibles, se arrepiente de haberla rechazado y, finalmente, advierte su profunda soledad.

El término "epifanía" proviene del griego "revelación" o "manifestación". De raíz teológica, se refiere en el cristianismo de manera especial a la visita de los magos de Oriente al niño Jesús a los pocos días de haber nacido. La epifanía es, así, el momento de la revelación del Dios nacido al mundo. Este Dios que se muestra, sin embargo, ha nacido en un establo del vientre de una adolescente. Dios omnipotente se ha hecho un infante absolutamente vulnerable. Epifanía no es, pues, evidencia. No es obviedad ni mucho menos imposición. La epifanía del misterio no es la visibilidad de la materia ni la aceptación del mundo. Sólo puede ver lo revelado quien tenga ojos para ello. Así, en los cuentos de Joyce no hay epifanías imponentes ni visiones sobrenaturales o escandalosas. Los personajes de *Dublineses* reciben revelaciones discretas que pueden perfectamente pasar inadvertidas, y cuyos cambios, transformaciones o conversiones podrían estar dentro del ámbito de lo completamente ordinario, e incluso de lo vulgar.

En "Arabia" asistimos al tránsito del muchacho de la pubertad a la adolescencia: del idilio de la ilusión a la amargura del realismo y de la crueldad. A nuestro héroe se le revela la finitud de la vida y la desilusión de que ni el mundo ni él mismo son como él pensaba; le es revelada su propia impotencia y así da el salto a los inicios de la vida adulta. Efectivamente, comenzamos con un niño enamorado del amor, fascinado por la revelación de la alteridad del sexo opuesto. Después de enfrentarse con la autoridad de su tío, emprende la aventura de la responsabilidad, pero el mundo que encuentra es lúgubre y desencantado, un mundo secularizado de la magia de la infancia, aburrido y hasta cierto punto grotesco. "Reconocí el silencio que impregna una iglesia al terminar el servicio –reconoce en primera persona nuestro personaje–".[11] La experiencia del joven es la de una ausencia, la de una pérdida, la de un acontecimiento que él ya no ha presenciado y que se le revela como ausente. Ha llegado tarde a la cita con el heroísmo. Pequeños detalles en la descripción dejan adivinar el gradual desencanto del chico: "El tono de su voz –afirma de la tendera que le ha preguntado si quiere algo– no era alentador; parecía hablarme desde un cierto sentido del deber",[12] un rictus deliberadamente serio, seco y cortante, que contrastaba groseramente con la ilusión original de nuestro héroe. Para que, finalmente, la lúgubre oscuridad del cansado bazar penetrara en su espíritu: "Mirando hacia la oscuridad me vi a mí mismo como una criatura conducida e impulsada por la vanidad; y mis ojos se encendieron de rabia y angustia".[13] No todos los deseos pueden hacerse realidad, y no todos los deseos son en el fondo aquello que aparentan. Continuamente deseamos con motivos oscuros, innombrables o vergonzosos. El muchacho conoció la oscuridad que lo habitaba, tocó su propia futilidad y vivió la amargura de quien, desilusionado, encuentra en el mundo un reflejo de sí más opaco de lo que esperaba. Advino al chico el misterio de la responsabilidad, de la salida de la inocencia, de la neblina que lo habita, y que quizá siempre lo había habitado pero que no podía mirar, impedido por el candor de la infancia que ahora había, finalmente, tal vez, perdido.

Del mismo modo, "Un caso doloroso" es el relato de un hombre maduro que se topa de frente con su propio patetismo y que ha perdido el tiempo oportuno para el amor y la alegría. El sr. Duffy era sumamente peculiar: "vivía en Chapelizod porque deseaba vivir tan lejos como fuera posible de la ciudad de la que él era ciudadano, porque encontraba groseros, modernos y pretenciosos al resto de suburbios

---

11   *Ibid.*, p. 35.

12   *Ibid.*, p. 36.

13   *Idem.*

de Dublín".[14] Era un sujeto huraño, distanciado y escindido. Sobre todo, escindido de sí, como más tarde lo narra el propio texto:

> Vivía a una pequeña distancia de su cuerpo, y miraba sus propios actos de soslayo. Tenía un raro hábito autobiográfico que lo llevaba a componer de vez en cuando en su mente un enunciado corto sobre sí mismo, compuesto por un sujeto en tercera persona y un predicado en tiempo pasado.[15]

El Sr. Duffy se dirigía a sí mismo como si fuese otro y desde una cierta distancia de su cuerpo. Estamos ante un sujeto, efectivamente, escindido de sí, espacial y temporalmente, que se convierte en objeto para sí mismo y se mira como desde un lugar que, permaneciendo él mismo, le permite mirarse como otra persona. Es un hombre problematizado.

Este extraño sujeto encuentra, inesperadamente, a una mujer que le ha mostrado la importancia de acercarse a los demás, y ha avivado en él el deseo de vincularse afectiva y quizá incluso espiritualmente. Como es natural, es incapaz de soportar el espanto que el encuentro con la alteridad representa: "Pensó que en sus ojos ascendería a una estatura angelical; y, entre más se apegaba a la ferviente naturaleza de su compañía, escuchó la voz impersonal –que reconoció como propia– que le insistía sobre la incurable soledad del alma: 'no podemos entregarnos, decía: somos de nosotros mismos'".[16] La revelación del amor le fue verdaderamente insoportable, de modo que la rechaza terminantemente y, como es natural, él ingresa en una de las zonas más amargas de su propio espíritu, y su propia frustración se ve transformada en culpa ajena, formulada en burdos razonamientos como el siguiente: "El amor entre el hombre y mujer es imposible porque no puede haber encuentro sexual y amistad entre una mujer y un hombre".[17] Narraba así las fantasías que se construía sobre las paradojas de la imposibilidad del amor humano, ocultaba el verdadero deseo de amarla y de ser feliz junto a ella.

El desenlace es, como ya lo he mencionado, profundamente trágico. La muerte inesperada de ella le revela la irreversibilidad del tiempo. Irrevocable, su voluntad cae profundamente lastimada y arrepentida, no pudiendo sino asumir la verdad, siempre latente, de su propia cobardía:

---

14   James Joyce, "A Painful Case", en *Dubliners*, Nueva York, Alfred A. Knopf, 1991, p. 19.

15   *Ibid.*, p. 120.

16   *Ibid.*, p. 124.

17   *Ibid.*, p. 125.

Volvió sobre el camino por el que había venido, el ritmo del motor golpeaba sus oídos. Comenzó a dudar de la realidad de lo que la memoria le decía. Se detuvo bajo un árbol y dejó que el ritmo desapareciera. No podía sentirla cerca de él en la oscuridad ni su voz tocando sus oídos. Esperó algunos minutos escuchando. No podía oír nada: la noche estaba perfectamente silenciosa. Escuchó una vez más: perfectamente silenciosa. Sintió que estaba solo.[18]

El Sr. Duffy se encuentra, probablemente por primera vez en su vida, ante la verdad sobre sí mismo. La soledad fundamental de la existencia se le reveló patentemente en su crudeza, pero no como el comienzo de la aventura de la libertad, como una promesa en la que podría reconocer su deseo de amar y de ser amado, sino como el punto de llegada de la historia de un cobarde. Apenas nacía a la existencia, ya había en ella naufragado. Pero es que tal vez no haya otro modo de recibir esta clase de acontecimientos. Tan pronto nacemos a la verdad sobre la situación fundamental de la libertad,[19] ya comparecemos culpables ante nosotros mismos.

Las epifanías que ocurren a los héroes aquí relatadas los sitúan ante un nuevo modo de relacionarse consigo mismos y ante un nuevo modo de intuir la presencia inobjetiva de la Vida. Si el joven protagonista de "Arabia" aprende su propia ingenuidad, y la mira ahora desde una nueva posición existencial a la que cabría llamar realismo o comienzo de la madurez, pues ha conocido ya el aburrimiento, el absurdo y la vanidad íntima que le carcome, el adulto de "Un caso doloroso" ahora mira de frente la situación fundamental de su existencia y se constituye, más honesta y directamente, en el enigma que siempre ha sido. Si antes evadía su propio carácter enigmático entregándose a la soledad del ostracismo, ahora sabe que su ser es, fundamentalmente, solo ante la Vida –o lo que podría descubrir como tal–, y que es desde ahí desde donde podría construir una futura comunidad humana realmente genuina. En ningún caso está ya el aprendizaje ganado. Aún hace falta que cada uno de ellos haga suyo ese acontecimiento, se apropie de él, explore sus posibilidades, indague los vestigios del Bien y de la Vida que ahí pudieron haberse mostrado y arriesgue su libertad, so riesgo de no encontrar nada más que su propio reflejo informe. Cabe, por supuesto, que mi lectura sea la de un chato y rancio moralista, pero también es cierto que cualquier otra lectura será deudora, o bien de un cierto esteticismo nihilista y, por lo tanto, juvenil, o de un escapismo teológico que mira gestos de providencia demasiado pronto.

---

18 *Ibid.*, p. 131.

19 La noción de "situación fundamental de la existencia", en su acepción técnica, es de Miguel García-Baró. Cfr. *De estética y mística*, Salamanca, Ediciones Sígueme, 2007, pp. 101-128.

La noción de "acontecimiento", técnicamente hablando, se refiere a algo más que a un mero hecho intramundano. El acontecimiento tiene un estatuto ontológico diferente porque transforma el mundo de posibilidades para el sujeto sobre el que adviene. El acontecimiento no es necesariamente susceptible de ser colocado en una fecha calendario, ni responde a relaciones de la causalidad natural o necesaria. El acontecimiento ocurre, además, al viviente de manera singular, y se resiste a ser signado puntualmente, tanto desde las categorías del espacio como desde las categorías del tiempo, aunque pueda ser comprendido mejor desde éstas que desde aquéllas. Así lo explica Romano:

> Si el mundo es la totalidad de las posibilidades interpretativas a partir de las cuales los hechos se hacen comprensibles en su articulación mutua y toman un sentido para el viniente,[20] el acontecimiento es justamente lo que, desgarrando el horizonte de las posibilidades previas e introduciendo en ellas un sentido incomprensible con el rasero de cualquier explicación causal, aporta consigo su propio horizonte de inteligibilidad, obligando al viniente a comprender de otro modo tanto a sí mismo como al mundo.[21]

En los acontecimientos se reacomoda la trama sobre la que se ha constituido la relación viviente-mundo-Vida. Un nuevo mundo se realiza para el viviente porque, en el acontecimiento, él ha sido de alguna manera recreado, preparado para constituir nuevos horizontes de sentido, inconcebibles desde otro punto del

---

20   El término "viniente", en francés *advenant*, tiene un sentido técnico en Romano: "El hombre comprendido e interpretado a la claridad del acontecimiento no es el hombre de la antropología, de la psicología o del psicoanálisis; entre esas disciplinas y una hermenéutica de lo contecedero se interpone el abismo que separa las ciencias intramundanas de los hechos y de sus causas, de una interpretación del sentido en su origen para el ser humano [...]. Nos hemos atrevido, sin excesivo gozo y con reservas, a proponer el neologismo: el viniente [*l'advenant*]. Este participio sustantivado se empeña en nombrar antes un proceso en instancia que una realidad constituida: menos un 'sujeto' en el sentido clásico que modos diversificados de subjetivación mediante y a través de los cuales un 'yo' puede advenir, responder de lo que le acontece a partir de esos núcleos de sentido que son para él los acontecimientos". Claude Romano, *El acontecimiento y el mundo*, Fernando Rampérez (trad.), Salamanca, Ediciones Sígueme, 2012, p. 9. La signatura de Romano destaca, por encima de otras –como la heideggeriana *Dasein*–, el carácter existencialmente abierto del ser humano en tanto que 'capaz' de acontecimientos, *capax eventus*. Sin lugar a dudas que esta caracterización es más exacta que "ser humano", "homo sapiens" o incluso "Dasein", pues da cuenta de la radical pasividad que le constituye de manera íntima. Su capacidad es una pasividad. Sin embargo, en este trabajo he preferido acogerme al término henryniano de "viviente", como lo expliqué en la introducción (en francés *vivant*), por ser más exacto para expresar la relación y la deuda ontológica que el ser humano tiene *ab origine* con la Vida.

21   Claude Romano, *El acontecimiento y el mundo*, p. 72.

correr del tiempo. El acontecimiento ha de ser, empero, recibido y apropiado por el viviente para que esa constitución de nuevos sentidos tenga realmente lugar. La creación de nuevos sentidos de mundo hace del acontecimiento un asunto inolvidable, pero su carácter creativo de novedad también lo torna en una realidad inesperada;[22] da a quien lo recibe los recursos para poder acogerlo abriendo un espacio de libertad para que el viviente pueda asumirlo o rechazarlo. Por eso el acontecimiento se cifra mejor desde la trama del misterio que desde la trama del problema, aunque pueda meter a quien lo recibe en una cantidad enorme de problemas y de nuevas vicisitudes, no sólo complejas sino muchas veces quizá hasta indeseables.

Tanto el héroe de "Arabia" como el de "Un caso doloroso" han sido arrebatados por experiencias que no podían haber previsto desde la forma como habían constituido su propia relación con el mundo. El primero, por su natural ingenuidad, necesitaba cruzar ciertas fronteras vitales, experimentar mundo, fracasar en él, para que le fuera revelado que el candor no es la forma última que puede cobrar el viviente. El segundo, un adulto que viene de vuelta, tenía que haber sido sorprendido por la muerte de la mujer a la que amaba para que pudiera así visibilizar su propia vulnerabilidad y constituirla no solamente como una nota que debía esconder del mundo sino como la nota que le permite estar abierto al amor.

El acontecimiento del misterio abre el tiempo porque hace nuevas posibilidades. Desde él y por él, resultan disponibles nuevos futuros que antes no podían de ninguna manera ser previstos, ensanchando así el mundo sin necesariamente ensanchar el espacio. Ya lo he mencionado antes en este libro, pero permítaseme insistir en el tema: ¿en qué momento comienzan, por ejemplo, dos amigos a ser amigos? No puede saberse. No es necesariamente un hecho fechable o constatable, aunque pueda haber hechos y sucesos dignos de ser asociados al comienzo de esa amistad, pero en realidad ella acontece a los amigos como una nueva relación no perseguida. Bien cabría sospechar de las amistades que se buscan y se crean a fuerza de voluntad. ¿Cómo podría realmente uno desear ser amigo, verdaderamente amigo, de alguien que aún no es su amigo? ¿No es acaso estúpido desear ser vulnerable ante otro ser humano que podría apuñalarme por la espalda, tomar mi intimidad y atravesarla violentamente o exponerla al mundo de manera completamente impúdica? El deseo premeditado y consciente de la amistad es, o bien un contrasentido, o bien un gesto morbosamente pueril. La amistad, afortunadamente y gracias a Dios, simplemente acontece a los amigos en un cierto momento. Cuando la constituyen y la aperciben los amigos como tal, en realidad es porque ella ya había actuado en ellos antes de que pudieran aceptarlo. La amistad es en

---

22 Cfr. Jean-Louis Chrétien, *L'inoubliable et l'inespéré*, París, Desclée de Brouwer, 2014.

primer lugar un don, una gracia que adviene a la libertad de manera completamente inesperada. Ese don, necesariamente, deberá ser luego perseguido y mantenido por voluntades valientes y virtuosas que rompan sus propias tendencias hacia el ahogamiento existencial. La amistad como virtud es real y necesaria, pero es sólo una forma derivada de ella. Es necesaria porque sin ella el don y la gracia difícilmente podrían sobrevivir bajo las condiciones de este mundo roto y de la deformidad del espíritu humano, que suele ver en sus propios hábitos las delicias que debería buscar en la novedad que la alteridad del amigo podría ofrecerle.

El misterio de los acontecimientos mueve al deseo humano, altera nuestra inquietud fundamental por la vida, nos revela que existimos en un tiempo y que, por lo tanto, moriremos. Ellos dan forma al tiempo cronológico que, de otro modo, sería puro espacio informe, anonimato inhabitable. Los acontecimientos marcan el ritmo de la libertad afincada en el mundo y la sustraen a leerse a sí misma desde las meras categorías que esa situación le ofrece.

Toda antropología que quiera llamarse a sí misma verdaderamente filosófica no podrá seguir abrazando los motes que la ciencia y el naturalismo han dado al ser humano. *Homo sapiens* y "animal racional" no son capaces ya de nombrar lo más propio de la libertad: su apertura, su pasividad y su vulnerabilidad, especialmente porque los acontecimientos no solamente ocurren como figuras del Bien o de la Belleza, sino que el mal también acaece en el ser humano, y la libertad es capaz de entramparse a sí misma por amor a sí misma y de escurrirse en la oscuridad gozando su propio aniquilamiento. El mal existe, y su misterio es incontestable.

2. Lo insoportable. Resistencia existencial en "Yocasta en la acera" de Léon Bloy

> Y si Dios no me sigue ayudando,
> entonces tendré que ayudar yo a Dios.
> *Etty Hillesum*

El mal en el mundo se manifiesta de formas verdaderamente increíbles. Dicen algunos que el bien es más creativo que el mal, pero es cierto que es más discreto, y que los acontecimientos espeluznantes que experimentamos tienen la suficiente envergadura como para hacer enloquecer a cualquiera que acepte el reto de mirarlos de frente.

La trama del misterio no solamente envuelve al viviente en acontecimientos redentores e iluminadores. Si bien los ejemplos que pone Marcel para explicar la noción de misterio iluminan principalmente su faceta de bondad, de tacto y de suavidad humana, el misterio acontece demasiadas veces a los seres humanos bajo la forma del oscurecimiento, del dolor y del absurdo. No sólo existe el misterio edificante sino también el destructivo, el abandonador.

El *mysterium iniquitatis* es probablemente la pregunta más difícil que la existencia humana puede plantear, no sólo desde el punto de vista filosófico, sino que en ella se juega la posibilidad de nombrar a Dios a la cara y de reconocer legítimamente que nuestra vida es deudora de la Vida. Quizá un primer barrunto de respuesta tiene que ver con que el don perfecto sólo puede acontecer ahí en donde el donante se retira por completo. Si aquél que regala el regalo se hace presente, podría generar una deuda al receptor, o suscitar un leve gesto de agradecimiento. Pero en ese caso, el don habría sido de alguna manera justificado y su carácter de gratuidad absoluta habría sido de alguna manera menoscabado. Por eso la ausencia de la Vida, la ausencia de Dios, es un fenómeno tan radical y tan patente a los ojos de los seres humanos. Pero antes de buscar explicaciones –probable signo de que ya hemos desesperado– aún antes siquiera de plantear el problema, dediquemos un momento a mirar el dolor de frente, al menos como las formas literarias del extravagante Léon Bloy nos permiten hacerlo.

Las *Historias impertinentes* de Bloy son cuentos breves, horrorosos y espeluznantes. Construidos a base de florituras léxicas y simbólicas, buscan describir las formas más estrafalarias del dolor y de la corrupción humana. Profeta, no se tienta la mano a la hora de retratar la podredumbre del alma, pues cree firmemente que la fe y la esperanza en el Bien absoluto puede sólo surgir ahí en donde la experiencia de lo humano ha fracasado verdaderamente. Igual que en Bernanos, la esperanza del catoliquísimo Bloy es precisamente lo opuesto del optimismo, que cosifica el Bien y lo considera un estado de cosas mundano: "El optimismo es una falsa esperanza para uso de los cobardes y de los imbéciles. La esperanza es una virtud, *virtus*, una determinación heroica del alma. La forma más alta de la esperanza es la desesperación superada".[23] La esperanza, al contrario de cualquier vulgar deseo de éxito, es la virilidad total, que suspende constantemente la satisfacción de su objeto y lo mantiene en tensión para no buscar consuelo –que sólo puede dar el Paráclito– en las infinitas formas mundanas de lo que no es, en realidad, la Vida misma de Dios.

"Yocasta en la acera" es un cuento a la vez fétido y literariamente exquisito. Bien al contrario de Borges, en Bloy tenemos a un estilista redomado, experto en la creación de imágenes y campeón de la sensibilidad que no se queda en meros ejercicios de belleza lingüística y de experimentación metafísica, sino que sitúa a sus personajes en dolores quizá más profundos y monstruosos que los de Dostoievski

---

23 Georges Bernanos, *Libertad, ¿para qué?*, Mercedes Gómez (trad.), Madrid, Ediciones Encuentro, 1989, p. 8.

y busca escarbar en esos relatos la forma en que ahí puedan revelarse del Bien y la Belleza.

El relato que nos ocupa es la carta de un chico que se dirige a África, en donde busca explícitamente que algo o alguien le arrebate la vida porque ha llegado a ser ésta absolutamente insoportable: "Estoy cansado de vivir, lo reconozco, total e irremediablemente cansado de lo que los imbéciles o los cerdos denominan, entre ellos, vida".[24]

El sujeto en cuestión se declara sin familia y sin deudas, y procede entonces a contar su historia, después de pedir al destinatario de la carta que, o bien la destruya, o bien la publique. Todo comienza cuando, a los seis años, perdió a su madre. Nadie le dijo por qué ni cómo. Nunca nadie le mostró tampoco el cadáver, de modo que la pérdida tuvo que ser sobrellevada con la exclusiva y terrible fuerza de la imaginación. Su padre lo envió entonces a la casa de una campesina escuálida, que lo alimentaba mal y en donde recibía las visitas de él una vez cada trimestre, cuando aprovechaba para obsequiarlo en cachetadas y en insultos. Dos años después, a la edad adecuada, el padre lo envió a un internado, del que no salió nunca, ni un solo día, hasta los dieciocho años. Nuestro chico iba, poco a poco, y a veces de la manera más abrupta, muriendo a la posibilidad de la esperanza y del sentido, pues le eran, cada vez más aguda y cínicamente, aniquiladas todas las fuentes de posibles seguridades y afectos. En todo ese tiempo su alma fue agonizando lentamente, a costa de maltratos y de encerramiento. "Una única cosa valiosa –dice– conservé. Una especie de flor muy pura en un rincón virgen de mi jardín saqueado. Era el recuerdo infinitamente tierno de mi madre".[25] Nuestro muchacho, destruido por dentro, aniquilado su amor propio, tenía a pesar de todo una llamita viva muy dentro de sí y, si bien no recordaba su rostro, la dulzura de las caricias de su madre eran inmortales para él. El tacto, pues, aún más que la vista, guardaba el único resquicio de sentido y de luz del lupanar oscuro en el que habían convertido su alma.

Al salir del colegio, su padre se había vuelto aún más atroz. "Las primeras noches me atrincheré en mi habitación, temiendo que aprovechara mi sueño para degollarme",[26] de modo que no había en el señor ni un ligero asomo de cariño, y toda posible presencia de un amor que lo sostuviera psicológica o espiritualmente estaba completamente violada, al punto que pensaba que le había hecho regresar únicamente para infligirle algún suplicio.

---

24 Léon Bloy, "Yocasta en la acera", en *Historias impertinentes*, Ascensión Cuesta (trad.), Palencia, Menoscuarto, 2006, p. 243.

25 *Ibid.*, p. 247.

26 *Ibid.*, p. 248.

Arquitecto, el padre lo confió al cuidado de un oficial de obras para que lo iniciara en el arte de la construcción, un pobre hombre al que nuestro protagonista *sangró* astutamente antes de dejar París y después de ocurrido lo que se relatará a continuación. Tal hombre le gratificaba cada mes con una cantidad razonable de dinero, y al estar en la edad de la punzada y del descubrimiento de la buena vida, lo condujo a los placeres del libertinaje y le enseñó los sitios apropiados. Me permito, entonces, citar textualmente el final del relato:

> Un día el bribón, que sabía muy bien lo que se hacía, me dio la dirección, que probablemente tenía reservada para el momento adecuado, de una mujer "con encantos pero madurita" que me colmaría de delicias.
> A las dos horas, *me estaba acostando con mi madre*, que no me reconoció hasta el día siguiente.
> Atentamente, etc...[27]

Punto final. Yocasta había reencarnado en la pobre mujer secuestrada y la habían convertido en prostituta. Edipo tomó el cuerpo de este muchacho, cuyo único resquicio de nervio y de calor, la única flor que permanecía en el fondo de las estancias de su alma cavernosa, le había sido profanado sacrílegamente. Lo había profanado él, con su propia carne. Tocó lo intocable, gozó ventralmente de lo Santo y se transformó así en una víctima de todo. Sin embargo, el chico no se ha quitado aún la vida, aunque se dirige a un mundo que, aún tal vez peor que la muerte, podría propinarle una vida de torturas, trabajos forzados, secuestros y, quizá, tal vez, incluso hasta convertirse en asesino. Pero es cierto que podrían no advenirle ni el mal ni la muerte, y que podría ocurrir algo, absolutamente insospechado, inesperado, impensable, improbabilísimo, que le devolviera poco a poco la sensibilidad y la capacidad de vivir y de luchar contra el mal que recibió él en carne propia. No lo sabemos, aunque sea perfectamente presumible que el desenlace sea, más bien, fatal y estúpido.

¿Qué es el mal? La fantasía creada por Bloy se repite diariamente en el campo mexicano. Los migrantes centroamericanos que buscan el sueño americano terminan sufriendo éstos y peores males y violencias de manos del narcotráfico –que, diabólicamente, desmembra a sus víctimas– o los convierte en verdaderos adictos a sustancias inimaginables para explotarlos más que lo que dan sus propios cuerpos. Y luego los mata y los intenta desaparecer en fosas clandestinas. Incontables muchachos extraen cobalto en el Congo para beneplácito del progreso en Occi-

---

27 *Ibid.*, pp. 249-250.

dente. Violencia grave, diaria, de un hombre a su mujer. De un padre a su hijo. Abusos perversos, sexuales y espirituales, por parte de algunos miembros de la jerarquía de la Iglesia católica hacia inocentes que, vulnerables, buscando a Dios se encuentran con Satán. El abominable relato de Bloy es el mundo sin más para una infinidad de personas.

Tal vez haya misterios más grandes que el de la iniquidad, pero ninguno deja al viviente tan perplejo. El mal ha de decirse, ha de gritarse y ha de exhibirse, pero nos avergonzamos de él, tememos conjurarlo al describirlo, y finalmente se reproduce al ocultarse. Crece en lo oscuro y en lo escondido. No tiene rostro verdadero, por lo que es incapaz de ver la luz y de expresar una palabra humana. Para vivir ha de tomar prestados los labios de un victimario y habitar en él, y desde él operar sus sistemas anónimos de control y de poder.

En las primeras líneas de la carta imaginada por Bloy, cuando el protagonista declara sus intenciones de viajar a África para encontrar ahí la muerte, comenta sutilmente un rasgo especial de la identidad de su destinatario: "Si podemos llamarle a esto suicidio, creo que la modalidad será aceptable, incluso para un católico como usted".[28] El destinatario de la carta es cada uno de los lectores. Y es católico. Es usted, y soy yo. La interpelación de Bloy es, así, explícita, y poco importa el bautismo real o voluntario de cada uno de nosotros, sino que con ese gesto coloca Bloy a Dios como el tema de fondo sobre el cual ha de meditarse el contenido de la carta-relato. ¿Cómo hacer comprensible la experiencia o la antiexperiencia del muchacho o de la madre del muchacho (a quien por cierto no leemos ni escuchamos, y Bloy sólo nos deja conocer a la víctima por vías de terceros) con la fe, aún más loca, escandalosa, de un Dios que sea absoluto amor y esperanza sin final?

No hay manera. Pero más que nada, no hay derecho. Buscar la concordia entre ambos misterios es quizá una blasfemia. Es, incluso, tratar como problema lo que en realidad nos apabulla como misterio: si en algo estamos involucrados, reclamados e invocados, es en la experiencia del Bien y en la experiencia del mal, como dos formas no simétricas de lo que suele dar mayor forma a nuestro deseo y a la inquietud fundamental que anima nuestra acción. Deseamos el bien, pero lo deseamos mal. Deseamos el bien, pero actuamos mal. Deseamos sin saber qué nos inquieta realmente y, en ese itinerario, encontramos a veces gozo en el mal perpetrado. La disimetría entre ambos no supone necesariamente la mayor grandeza del Bien, sino en muchos casos una fuerza más grande en el mal. Convivimos diariamente con el Bien y con la tentación al mal, o con el mal mismo si es que hemos ya cedido a sus delicias aparentes. Y ahí, en ese revoltijo, la noción meramente naturalista de

---

28 *Ibid.*, p. 243.

Dios queda cuestionada. El Dios de los atributos clásicos: bueno, absolutamente bueno y absolutamente poderoso; simplistamente bueno y simplistamente poderoso, queda cuestionado y no es al parecer ya digno de fe o de amor porque brilla en este mundo por su ausencia. Ese cuestionamiento, no obstante, no necesariamente habría de conducir al ateísmo o a la profanación de su nombre e incluso es, tal vez, una ganancia, pues elimina de Dios su carácter de objeto, o de sustancia con predicados, y limita el discurso demasiado cierto y seguro sobre Él. Restituye a Dios su eminente carácter de Misterio.

Uno de los primeros signos del mal es que, del mismo modo que el acontecimiento amoroso y lleno de gracia, adviene a la existencia como lo inolvidable y como lo inesperado. Especialmente como lo inesperado, aunque también hay que decir que adviene como lo insoportable. Así, el testimonio de Jean Améry sobre la tortura que padeció en Fort Breendonk sirve para entender que el mal adviene siempre de una manera incausada, es decir, no es integrable dentro del orden de lo esperado a través de causas: "Con el primer golpe que se le asesta pierde [la víctima de tortura] algo que tal vez podríamos denominar provisionalmente *confianza en el mundo*".[29] Esa confianza es la estructura primordial que posibilita que el ser humano tenga un mundo. Está basada en una serie de creencias que dan forma a nuestra acción desde el punto de vista de lo esperable. Por un lado, hay una certeza más o menos racional de que los otros, sobre una serie de supuestos socialmente configurados, no me harán daño y que, si alguien osa cruzar la frontera de mi ser físico o psicológico, habrá otros que me defiendan ante tal vulneración. La estructura de nuestra conciencia de mundo necesita esta confianza primaria para poder actuar y para poder operar en él: "La expectativa de ayuda pertenece a los elementos constitutivos de nuestra psique tanto como la lucha por la existencia",[30] y excluye normalmente la posibilidad de la destrucción de ese mismo mundo y de ella misma. La violencia, en ese sentido, no forma parte del marco de las posibilidades esperadas por ningún sujeto. Así, todo acto violento rompe una expectativa, es una disonancia, irrumpe sin aviso y obliga al sujeto a reconfigurar las coordenadas sobre las cuales constituía su experiencia normal de sí y del mundo.

Cuando la violencia, no obstante, se convierte en moneda de cambio, en el supuesto diario al salir a la calle –y aquí podemos pensar no solamente en los campos de concentración (como lo fue la experiencia de Améry), sino también en la violencia doméstica, en el abuso de conciencia o el abuso sexual consuetudinario,

---

29   Jean Améry, *Más allá de la culpa y la expiación. Tentativas de superación de una víctima de la violencia*, Enrique Ocaña (trad.), Valencia: Pre-Textos, 2013, p. 90.

30   *Ibid.*, p. 92.

o bien en la ciudad Moloch que permite el secuestro, el asesinato y la violación de manera ordinaria–, la estructura psíquica del viviente debe reformarse constantemente, debe admitir el peligro de muerte y la injusticia como una variable verdaderamente posible.

Esta realidad trae consigo una nueva conformación de subjetividad, que implica dos aspectos contradictorios. Por un lado, permite a quien vive en ese entorno tener una conciencia más viva de la muerte, estar permanentemente a flor de piel, en un contacto mucho más íntimo con su mortalidad y, así, con el enigma de su existencia. Esto no es de ninguna manera una realidad que deba celebrarse, pero es cierto que, desde ese fondo y paradójicamente, la celebración de la vida puede ocurrir con una intensidad mucho mayor. México, con sus tradiciones y sus celebraciones de los muertos, es el caso paradigmático de esta realidad. Inundado de violencia, vive la muerte con una intensidad inaudita. Hay que hacer, sin embargo, una precisión: las tradiciones mexicanas que celebran a los muertos, consisten en que la celebración es, precisamente, de *los muertos* y para *los muertos*, en su relación con los vivos y con la Vida. No es una celebración a la muerte, ni al absurdo, ni a la nada. Los muertos, para los mexicanos, en realidad están vivos y por eso es posible hablar con ellos, alimentarlos, gozar y bailar, aunque sea una noche al año.[31] El Día de muertos es diametralmente opuesto a la celebración de la "santa muerte", que tan popular se ha hecho en muchos lugares de Latinoamérica; en ella hay una personificación de lo que no es nada: la muerte, que no existe; existen el acto de morir y los vivientes que lo realizan, pero la muerte como sustantivo es la hipostatización de un acto que se da al ser humano bajo la forma de la acción.[32] La otra cara de la violencia consuetudinaria y habitual es que normalmente termina por destruir la esperanza y por apagar en el viviente sus capacidades creativas y trabajadoras, conduciéndolo a una depresión social y sistemática que podríamos llamar, con todas las de la ley, una de las figuras más perversas del mal. Esto tam-

---

31   En este diagnóstico difiero significativamente de Octavio Paz, quien creo que no distingue entre celebrar a los muertos y celebrar la muerte, por lo que su descripción del mexicano, de la fiesta y, en el fondo, muchos aspectos de su filosofía de la cultura, adolecen de una fetichización de lo que se vive bajo el signo de la Vida. Cfr. Octavio Paz, *El laberinto de la soledad*, en *Obras completas*, Vol. 8. El peregrino en su patria, México, Fondo de Cultura Económica, 2006, pp. 73-86.

32   Quiero referir aquí las extraordinarias tesis de Iván Illich sobre el acto de morir: "En el morir, la potencialidad humana queda tanto agotada como llevada a su plenitud, igual que un peregrinaje ya a las puertas del santuario. En el acto de morir, el crecimiento del hombre alcanza la plenitud que se le había asignado. Y es que el hombre solamente puede llegar a la madurez en un último acto humano libre y deliberado. El hombre tiene que crecer: nadie puede crecer. Tiene que dar, él, su propio fruto. Da igual que la hora de la cosecha exceda el control del hombre en la misma medida que la hora de su nacimiento". Iván Illich, "El fin de la vida humana", en *La Iglesia sin poder. Ensayos 1955-1985*, Manuel Cuesta Aguirre (trad.), Madrid, Trotta, 2021, p. 57.

bién ocurre tanto en México como en otras realidades sociales y comunitarias que están siendo devoradas por la iniquidad. Para la persona que nace, crece y vive ahí su vida, existir es resistir.

¿Cómo afirmar la posibilidad de la esperanza en estos entornos y en estas realidades? ¿Es posible seguir creyendo que el fondo último de la realidad es el Amor, si en sus extremos más superficiales, así como en las estructuras profundas, ya destruidas, de las subjetividades que en ella habitan, ejecuta el mal su poder con verdadera eficacia? No lo sabemos. Los argumentos teóricos hacen agua en tanto que, o bien hacen de Dios un colaborador del mal, o bien lo convierten en un *deus ex machina* ante el que nadie quisiera reclinar la rodilla. La noción de Dios debe ser lo suficientemente digna como para inspirar la adoración desde las más hondas profundidades del viviente, y no solamente como una moneda de cambio que resuelve problemas. Pero Dios no se muestra nunca como la autoridad del mundo, de modo que no puede inspirar adoración ni mover a la alabanza con base en un poder mundano o en una extraña capacidad de torcer las voluntades de los vivientes para hacerlos actuar de un modo o de otro. Un gesto así confundiría su Amor con un poder mundano, y lo primero que un creyente sabe es que Dios no puede ser nada del mundo. Dios debe ser vivido y entendido de tal manera que pueda ser adorado incluso en esa ausencia incomprensible, en su silencio atroz. La primera renuncia de quien quiere vivir cara a Dios, de quien lo Ama, es la renuncia a la adoración del mundo, de modo que esperar una revelación del Amor en coordenadas mundanas es permanecer idólatra y, al final, verdaderamente ateo. El propio Jean Améry, ateo él mismo, reconocía en la vida del creyente un gesto revolucionario:

> Es al mismo tiempo más extraño y más cercano a la realidad que el descreído. Más extraño puesto que su actitud fundamental de corte finalista lo lleva a hacer caso omiso de los contenidos de realidad existentes y a fijar su atención sobre un futuro más o menos próximo; más cercano, sin embargo, porque justo por esa razón no se deja dominar por las circunstancias envolventes y así puede influir sobre ellas eficazmente. Para el hombre desarraigado de la fe, la realidad es, en el peor de los casos, una fuerza violenta ante la que se doblega, en el mejor de los casos, un material para el análisis. Para el creyente es arcilla que modela, misión que profesa.[33]

---

33 Jean Améry, *Más allá de la culpa y la expiación...*, pp. 70-71.

La fe dispone al viviente a trastornar la ley del mundo y a subvertirla desde la perspectiva de lo invisible del misterio. Abandonado a un régimen que no ha visto nunca, el creyente se rehúsa a satisfacer la inquietud de su corazón desde categorías del mundo, y se abre así a que una alteridad radical ofrezca una respuesta a lo que comparece absolutamente absurdo.[34] Ante el mal, pues, el creyente ha de permanecer perplejo, y consciente de que quien lo ha sufrido o lo sufre es terreno sagrado que sólo puede pisarse descalzo, bajo invitación y mirando para abajo. El viviente que cree en Dios, que es la Vida, no tiene nada que decir sobre el mal, porque sabe que su palabra lo convertirá en un problema a resolver, en un objeto de control, y la víctima podría sentirse, así, también un objeto y una cosa. Sin embargo, ese silencio no ha de vivirse bajo la forma de la quietud, porque la fe le da motivos al creyente para combatir lo que encuentra perverso, lo que clama al cielo, pues hay un cielo en el cual cree.

Etty Hillesum, también desde los campos de concentración, lo ha visto con verdadera claridad: "Sí, mi Señor, parece ser que tú tampoco puedes cambiar mucho las circunstancias; al fin y al cabo pertenecen a esta vida. No te exijo responsabilidades, tú nos las podrás exigir más adelante a nosotros".[35] La visión de Hillesum es proverbial: un Dios que, omnipotente, no puede hacer nada para detener el mal perpetrado por sus hijos, y que por eso sufre infinitamente. La omnipotencia se identifica con la imposibilidad de actuar y de alterar el mundo. Las "circunstancias", dice Hillesum, pertenecen a esta vida, es decir, al mundo, y la medida del mundo es precisamente la medida de lo que no es Dios: ya no le pertenece a él y por lo tanto el responsable de la historia y del mal que acontezca, no puede ser Dios sino tal vez los seres humanos, cuya libertad, ella sí, tiene un pie en el mundo y el otro en la eternidad; y si no son los seres humanos, habrá de ser alguna forma personal del mal mismo, capaz de asumir mundo y de manipular la carne, porque también es cierto que es difícil concebir que formas tan inmensas del mal hayan brotado únicamente del corazón humano. Así que ante Dios, que llora y que sufre por no poder ayudar a sus hijos, sólo se puede tener una compasión infinita y, desde ella, trabajar, luchar activamente contra el mal.

Si Dios introdujera su mano inmensa, visible, y separara el trigo de la cizaña, si hiciera justicia tangible y mundana y operara bajo las categorías jurídicas y éticas del mundo, no habría realmente un Dios en el cual creer, porque habría transfor-

---

34 Éste es precisamente el proyecto de la filosofía de la religión de Jean-Yves Lacoste en *Experiencia y Absoluto. Cuestiones que se encuentran en discusión sobre la humanidad del hombre*, Tania Checchi (trad.), Salamanca, Ediciones Sígueme, 2010.

35 Etty Hillesum, *Una vida conmocionada. Diario 1941-1943*, Manuel Sánchez Romero (trad.), Madrid, Anthropos, p. 143.

mado su misterio profundo en un problema, habría aniquilado su carácter misterioso y habría anulado a su criatura más amada: la libertad de los seres humanos. Pero debo admitir, en este punto, que este razonamiento no es sino una hipótesis que formo para hacerme soportable el misterio más grande y más escandaloso, el hecho de que Dios permita el mal, que lo tolere, que permita a Satanás tentarnos y tocarnos, incluso poseernos; y, más aún, que Dios, que es la Vida misma, que vivifica todo lo que existe, haya tomado carne, se haya establecido como uno más entre nosotros y ahí, en medio del mundo, lo haya padecido todo, hasta la ignominia más perversa, incluso su propio asesinato y hasta el ateísmo desesperado de quien se ha sentido por Dios abandonado. ¿Será posible que, en ese gesto ateo, en el gesto del abandonado, del ultrajado, violado, secuestrado y abusado esté, más presente que en cualquier otro lugar, el rostro hermoso y vulnerable del Dios que es Vida? No puedo responder por mí mismo, sino solamente repetir la idea de que la Vida no puede realmente hacerse visible, que es impotente para ello, que la Vida sólo puede mostrarse en su ausencia. Y si rompiera las leyes que lo impiden y si se hiciera de alguna manera tangible y visible para los ojos del mundo, sólo podría hacerlo bajo una forma que el mundo, inquisidor, odiaría hasta matarlo. Si tomara carne mostrando su poder, su magnificencia, su Absoluto, aniquilaría lo que ella misma vivifica, ocuparía su lugar y arruinaría su propia creación y a su propia familia. Así, los estremecedores versos de Eliot en *The Elder Statesman*:

Michael: ¿Qué se puede decir?
  Quiero irme a Inglaterra, y construir mi propia carrera:
  Y mi padre simplemente me llama cobarde.
Mónica: ¡Padre! Sabes que daría mi vida por ti.
  Oh, ¡qué idiota suena esa frase! Pero no hay palabras
  Para el amor de una familia, un amor en el cual se vive
  Pero al que no se mira, un amor a cuya luz
  Todo lo demás puede verse, un amor dentro del que
  Todo otro amor encuentra palabras.
  Ese amor es silencioso.[36]

---

36   T. S. Eliot, *The Elder Statesman*, en *The Complete Poems and Plays*, Act II, Londres, Faber & Faber, 2004, p. 561. La traducción es mía. Versión inglesa: "Michael: What is there to say? / I want to leave England, and make my own career: / And Father simply calls me a coward. / Monica: Father! You know that I would give my life for you. / Oh, how silly that phrase sounds! / But there's no vocabulary / For love within a family, love that's lived in / But not looked at, love within the light of which / All else is seen, the love within which / All other love finds speech. / This love is silent".

Epílogo inconcluso

Del 11 de junio al 4 de julio de 1936 se llevó a cabo en la ciudad de Londres la Exposición Surrealista Internacional, en la que distintos artistas expusieron sus objetos y sus obras ante cerca de 30 mil personas durante tres semanas. Mientras Salvador Dalí pronunciaba una conferencia dentro de una escafandra con la que intentaba bucear hasta las profundidades del subconsciente, artistas como Man Ray, Giorgio de Chirico, Marcel Duchamp o Francis Picabia dejaban sus obras al escrutinio público. Entre tanto, Dylan Thomas –quien por cierto no se llamó nunca a sí mismo surrealista–, se paseaba por la galería ofreciendo a cada uno de los participantes una taza de cuerdas hervidas.

André Bretón, quien ofreció el discurso inaugural completamente vestido de color verde, publicó ese mismo año "Crisis del objeto", un ensayo en el que comentaba la exposición de sus amigos y pugnaba por la destrucción de las normas cotidianas en nuestra relación con el mundo y en favor de la invención libre. Bretón argumentaba que la racionalidad moderna del objeto geométrico debía liberarse de sus ataduras para ir a buscar lo que aún no se había visto y lo que aún no se había experimentado:

> Los objetos que toman su lugar en el marco de la exposición surrealista de mayo de 1936 son ante todo de una naturaleza capaz de *levantar el interdicto* que resulta de la repetición abrumadora de los que caen diariamente bajo nuestros sentidos y nos conminan a considerar como ilusorio todo lo que pudiera ser fuera de ellos.[1]

---

1 André Bretón, "Crisis del objeto", en *Antología (1913-1966)*, Tomás Segovia (trad.), México, Siglo XXI Editores, 2020, p. 117.

Así, Bretón quería, cobijado por el psicoanálisis y en nombre de un futuro promisorio para una humanidad en ese entonces aburrida, destruir el prejuicio que se impone en la vida cotidiana sobre nuestra relación con las cosas, pues eso es precisamente lo que habían logrado los surrealistas: desinstalar de las conciencias las ideas fijas sobre el entorno y, especialmente, sobre los objetos que componen el mundo humano.

Hay en el surrealismo algo de apocalíptico, de potencia reveladora. Destaco su interés y su poder para destruir, desde la creatividad y el arte, el carácter excesivamente objetual de la racionalidad moderna. Los grandes filósofos han sabido, en ese mismo tono, abrazar el juego y el humor para romper la rigidez de la razón que, atáxica y moralizante, esteriliza la acción. Porque sólo en la acción puede el viviente conocer la verdad, establecer una relación con la Vida, o reconocerla y asumirla, apropiarse de ella. Kierkegaard, Blondel, Jankélévitch y, con ellos y un tiempo antes, el Siglo de Oro español entero, encontraron en el humor y en la ironía la única forma de estar en el mundo sin ser verdaderamente del mundo. Sócrates fue en este deporte el campeón. Un deporte que, sin embargo, toma la forma de serio pugilato, pues no se trata sólo de la risa sin más, que podría pertenecer al diablo, sino de reírse del mal, mantenerlo bajo tierra, ridiculizarlo y atenazarlo, aunque la vida misma esté puesta verdaderamente en riesgo.

La tarea del ludismo irónico y creativo es quizá una de las puertas que la Vida nos ofrece para redimir nuestro presente que, mortal, si no es vivificado por el alma del ser humano moriría de inanición. El pintor estadounidense de ascendencia japonesa Makoto Fujimura ha propuesto, por ello, una "teología del arte"[2] por la que el papel creativo de los seres humanos es central en la redención por parte de Dios. Si el mundo comenzó con la creación, culminará con una "Nueva Creación" que, tomando las piezas rotas de quienes atravesaron la historia, los reformará y creará así un *novus*. Pero para ello, la creatividad y la imaginación humanas son esenciales. Nuestra acción puede tomar el mundo y transformarlo, realzar en él la belleza, acompañar silenciosa el dolor de los sufrientes y buscar construir esa Nueva Creación a la que está el viviente llamado. Crear novedad es redimir de alguna forma el presente, es resistir al envejecimiento y a la ranciedad propias del mal.

La acción creativa y redentora, sin embargo, vive bajo el riesgo mortal de creer que es ella la que se da a sí misma su potencia y su capacidad. La tentación libidinosa de la *vita activa*, que puede transformarse en activismo o en voluntad de poder, ha de ser resistida por la mayor de las fuerzas que puede el ser humano tener:

---

2   Cfr. Makoto Fujimura, *Art & Faith. A Theology of Making*, New Haven y Londres, Yale University Press, 2020.

la ternura que invierte las categorías del mundo. Si el relato de Bloy es profanador, es precisamente porque revienta una de las fuentes más importantes que tenemos los seres humanos para aprender la ternura: el rostro y la caricia de la madre. Efectivamente, la acción humana debe invertir sus principios operativos para resistir la tentación de su fuerza y de su agencia, y cada ser humano ha de convertirse a sí mismo en hueco y morada para otros, en espacio y en tiempo, en gentileza.

Este libro, por ello, no puede concluir ni ofrecer a su lector un resumen de las tesis centrales, a menos que quiera esclerotizar el pensamiento e invitar al viviente al ostracismo y a la invulnerabilidad, o geometrizar *á la* Descartes el pensamiento que, en realidad, es Vida. Una exploración del talante aquí emprendido no puede jamás concluir: ha de apuntar a su desenlace sólo en un porvenir que ya ha llegado. El surrealismo ofrece un extraordinario puente entre la ruptura del objeto y el desvelamiento del fondo último de lo real, el apocalipsis que muestra el aparecer de la Vida. La invitación de Bretón es clara:

> Bajo sus ojos, por el contrario, ese objeto, acabado como está, regresa a una serie ininterrumpida de *latencias* que no le son particulares y reclaman su transformación. El valor de convención para ese objeto desaparece para ellos detrás de su valor de representación, que los arrastra a poner el acento en su lado pintoresco, en su poder evocador.[3]

Busca así detener el envejecimiento desde una cierta capacidad creativa que, tomando en cuenta la realidad que nos ha sido dada, busque en ella la evocación de lo que la alimenta, y la nutra en su sentido. Sin embargo, el surrealismo viaja hasta el inconsciente y lo irracional, y lo propone como la verdad más originaria. Ahí detiene su viaje creativo. Bretón, efectivamente, habla de *latencias*, y con ello se refiere especialmente a los sedimentos de sentido que el mundo objetivo guarda por nuestra historia psicológica con él. Pero en ese movimiento, en lugar de lanzar al viviente al Misterio y de proponer una revolución hacia la ternura de permitir al prójimo hacer del mundo una morada, lo devuelve al enigma que lo constituye, apelando a lo psicológico como la fuente originaria de verdad.

Es posible, sin embargo, salvar al surrealismo del surrealismo. Creo que hay más germen de Vida en él de lo que Bretón y Octavio Paz fueron quizá conscientes. Si seguimos el camino por estos artistas trazado y profundizamos en la dirección que apuntan, el campo del Misterio podría abrirse para nosotros, pero eso implica establecer una gran distancia con las cosas y con los prejuicios de nuestro momen-

---

3   André Bretón, "Crisis del objeto", p. 118.

to histórico, una gran rebeldía ante lo establecido. Romper el objeto, abandonarse al Misterio de la Vida, supone el acto de ironizar enormemente, no solamente hasta la risa sino hasta lo risible, es decir, hasta el ridículo. La invitación es así a posponer toda satisfacción objetiva de la inquietud para seguir viviendo y tratar de descubrir en la acción creativa las diversas formas en las que la Vida sorprende al ser humano, aunque a veces esas sorpresas aparezcan monstruosas y ante nuestros ojos luzcan deformes. La verdad originaria es tan misteriosa que Alexámenos, adorando a su burro, está mejor situado respecto del Bien que cualquier adorador del progreso, del optimismo o del poder.

Por eso sostengo con Péguy que "una gran filosofía no es la que pronuncia juicios definitivos, la que instala una verdad definitiva. Es la que introduce una inquietud, la que produce un estremecimiento";[4] y que el mito moderno del progreso no es sino la secularización de la teología cristiana de la historia que, en continuo avance, se dirige hacia la revelación del fin de los tiempos, hacia un *éschaton* que dirimirá el tiempo y que desnudará la verdad sobre todas las cosas. En esa secularización moderna, sin embargo, el progreso no consigue más que crear problemas y, ahí, pierde el presente en pos de un futuro que nunca llega, reduciéndolo a un momento más dentro de la secuencia de los instantes del mundo. Pero si la piedrecilla con nuestro nuevo nombre inscrito nos será entregada en un futuro que cronológicamente siempre se pospone, kairológicamente ya nos ha sido entregada. El cumplimiento último de la realidad ya ocurre hoy, en todos los presentes de todas las personas.

---

4   Charles Péguy, *Note sur M. Bergson et la philosophie bergsonienne*, en *Œuvres en prose complètes III*, París, Gallimard, 1992, p. 1269.

Referencias

Agustín de Hipona, *Confesiones*, en *Obras completas II*, Ángel Custodio O. S. A. (trad.), Madrid, Biblioteca de Autores Cristianos, 2005.

———, *El libre albedrío*, en *Obras completas III*, Evaristo Seijas O. S. A. (trad.),Madrid, Biblioteca de Autores Cristianos, 2009, pp. I, IV, 10.

———, *El maestro*, en *Obras completas III*, Manuel Martínez O. S. A. (trad.), Madrid, Biblioteca de Autores Cristianos, 2009.

———, *La predestinación de los santos*, en *Obras completas VI*, Emiliano López O. S. A. (trad.), Madrid, Biblioteca de Autores Cristianos, 1955.

———, *La Trinidad*, en *Obras completas V*, Luis Arias (trad.), Madrid, Biblioteca de Autores Cristianos, 2006.

———, *Principios de dialéctica*, Felipe Castañeda (trad.), Santiago, Chile, Universidad de los Andes, 2003.

Améry, Jean, *Más allá de la culpa y la expiación. Tentativas de superación de una víctima de la violencia*, Enrique Ocaña (trad.), Valencia, Pre-Textos, 2013.

Anders, Günther, "Patología de la libertad. Ensayo sobre la no-identificación", en *Acerca de la libertad*, Virginia Modafferi y María Carolina Maomed Parraguez (trads.), Valencia, Pre-Textos, 2014.

Aristóteles, *Política*, Antonio Gómez Robledo (trad.), México, UNAM, 2018.

Benedicto XVI, *Discurso al VI simposio europeo de profesores universitarios*, Roma, sábado 7 de junio de 2008, disponible en <https://www.vatican.va/content/benedict-xvi/es/speeches/2008/june/documents/hf_ben-xvi_spe_20080607_docenti-univ.html>.

Benjamin, Walter, *Sobre el concepto de historia*, en *Obras*, libro I/vol. 2, Juan Barja *et al.* (trads.), Madrid, Abada Editores, 2008.

Bernanos, Georges, *Libertad, ¿para qué?*, Mercedes Gómez (trad.), Madrid, Ediciones Encuentro, 1989.

Blondel, Maurice, *La acción (1893). Ensayo de una crítica de la vida y de una ciencia de la práctica*, Juan María Isasi y César Izquierdo (trads.), Madrid, Biblioteca de Autores Cristianos, 1996.

Bloom, Harold, *El canon occidental*, Damián Alou (trad.), Barcelona, Anagrama, 1995.

Bloy, Léon, *Diarios*, Cristóbal Serra (trad.), Barcelona, Acantilado, 2007.

———, *Exégesis de los lugares comunes*, Manuel Arranz (trad.), Madrid, Acantilado, 2007.

Bloy, Léon, "Yocasta en la acera", en *Historias impertinentes*, Ascensión Cuesta (trad.), Palencia, Menoscuarto, 2006, pp. 245-250.

Borges, Jorge Luis, *Arte poética*, Justo Navarro (trad.), Barcelona, Crítica, 2001.

______, "El Aleph", en *El Aleph*, Madrid, Alianza Editorial, 1988, pp. 155-174.

______, "Las causas", en *Obras completas II. 1975-1985*, Buenos Aires, Emecé, 1989.

______, *Manual de zoología fantástica*, México, Fondo de Cultura Económica, 2007.

______, "Sobre Chesterton", en *Nueva antología personal*, México, Siglo XXI, 2000, pp. 199-202.

______, "Sobre los clásicos", en *Nueva antología personal*, México, Siglo XXI, 2000, pp. 224-226.

Bretón, André, "Crisis del objeto", en *Antología (1913-1966)*, Tomás Segovia (trad.), México, Siglo XXI Editores, 2020, pp. 114-119.

Canullo, Carla, *Ser madre. Reflexiones de una joven filósofa*, Luis Rubio (trad.), Salamanca, Ediciones Sígueme, 2015.

Chesteron, G. K., "La honradez de Israel Gow", en *El candor del padre Brown*, Alfonso Reyes (trad.), Buenos Aires, Losada/Océano, 1999, pp. 131-150.

______, "Los tres instrumentos de la muerte", en El candor del padre Brown, Alfonso Reyes (trad.), Buenos Aires, Losada/Océano, 1999, pp. 269-286.

Chrétien, Jean-Louis, *L'arche de la parole*, París, Presses Universitaires de France, 1999.

______, *L'inoubliable et l'inespéré*, París, Desclée de Brouwer, 2014.

Darío, Rubén, Los raros, Barcelona/Buenos Aires, Casa Editorial Maucci, 1905.

Daumas, Maurice, *Las grandes etapas del progreso técnico*, Marcos Lara (trad.), México, Fondo de Cultura Económica, 1996.

Eagleton, Terry, *Hope without Optimism*, Charlottesville, University of Virginia Press, 2015.

Eliot, T. S., *The Complete Poems & Plays*, Londres, Faber & Faber, 2004.

______, "What Is a Classic?", en *On Poetry and Poets*, Nueva York, Farrar, Strauss and Giroux, 2009, pp. 52-74.

Elizondo, Salvador, "El hombre que llora", en *El grafógrafo*, México, Fondo de Cultura Económica, 2000.

______, *Farabeuf o la crónica de un instante*, México, Fondo de Cultura Económica, 2015, edición conmemorativa 50 años.

Fujimura, Makoto, *Art & Faith. A Theology of Making*, New Haven y Londres, Yale University Press, 2020.

García-Baró, Miguel, *De estética y mística*, Salamanca, Ediciones Sígueme, 2007.

______, *Del dolor, la verdad y el bien*, Salamanca, Ediciones Sígueme, 2006.

García-Baró, Miguel, *El Bien perfecto. Invitación a la filosofía platónica*, Salamanca, Ediciones Sígueme, 2008.

______, *Elementos de antropología filosófica*, Morelia, Jitanjáfora, 2012.

______, *Filosofía socrática*, Salamanca, Ediciones Sígueme, 2005.

______, *La filosofía como sábado*, Madrid, PPC, 2016.

Henry, Michel, *C'est moi la verité. Pour un philosophie du christianisme*, París, Éditions du Seuil, 1996.

______, *Encarnación. Hacia una filosofía de la carne*, Javier Teira, Gorka Fernández y Roberto Ranz (trads.), Salamanca, Ediciones Sígueme, 2001.

______, *Fenomenología de la vida*, Mario Lipsitz (trad.), Buenos Aires, Prometeo, 2010.

______, *La barbarie*, Tomás Domingo Moratalla (trad.), Madrid, Caparrós Editores, 2006.

Horkheimer, Max, *Crítica de la razón instrumental*, Jacobo Muñoz (trad.), Madrid, Trotta, 2010.

Husserl, Edmund, *Ideas relativas a una fenomenología pura y una filosofía fenomenológica. Libro primero: Introducción general a la fenomenología pura*, Antonio Zirión (trad.), México, Fondo de Cultura Económica, 2014.

______, *Investigaciones Lógicas 1*, José Gaos y Manuel G. Morente (trads.), Madrid, Alianza Editorial, 2006.

______, *La crisis de las ciencias europeas y la fenomenología trascendental*, Julia V. Iribarne (trad.), Buenos Aires, Prometeo, 2008.

Illich, Iván, *La convivencialidad*, en *Obras Reunidas I*, Matea Padilla de Gossman y José María Bulnes (trads.), México, Fondo de Cultura Económica, 2006.

______, *La Iglesia sin poder. Ensayos 1955-1985*, Manuel Cuesta Aguirre (trad.), Madrid, Trotta, 2021.

______, *Los ríos al norte del futuro. Conversaciones con David Cayley*, Ana Gabriela Blanco et al. (trads.), México, Aliosventos Ediciones, 2019.

______, *Némesis médica*, en *Obras reunidas I*, Juan Tovar (trad.), México, Fondo de Cultura Económica, 2006.

Jankélévitch, Vladimir, *La aventura, el aburrimiento, lo serio*, Elena Benarroch (trad.), Madrid, Taurus, 1989.

Joyce, James, "A Painful Case", en *Dubliners*, Nueva York, Alfred A. Knopf, 1991, pp. 119-131.

______, "Araby", en *Dubliners*, Nueva York, Alfred A. Knopf, 1991.

______, *Stephen Hero*, Londres, Jonathan Cape, 1944.

Kafka, Franz, "Preocupaciones de un jefe de familia", en *La condena*, J. R. Wilcock (trad.), Madrid, Alianza Editorial, 2003.

Kierkegaard, Søren, *Migajas filosóficas o un poco de filosofía*, Rafael Larrañeta (trad.), Madrid, Trotta, 2001.

______, *O lo uno o lo otro. Un fragmento de vida I*, Begonya Saez y Darío González (trads.), Madrid, Trotta, 2006.

______, *Post-scriptum no científico y definitivo a las "Migajas filosóficas"*, Nekane Legarreta (trad.), Salamanca, Ediciones Sígueme, 2010.

Lacoste, Jean-Yves, *Experiencia y Absoluto. Cuestiones que se encuentran en discusión sobre la humanidad del hombre*, Tania Checchi (trad.), Salamanca, Ediciones Sígueme, 2010.

Le Breton, David, *Anthropologie du corps et modérnité*, París, Presses Universitaires de France, 2017.

Madureira, Miriam M. S., "Odradek, Odiseo y el trompo: entre Kafka, Benjamin y Adorno", *Revista Casa del Tiempo* 18, abril de 2019.

Marcel, Gabriel, *El hombre problemático*, María Eugenia Valentié (trad.), Buenos Aires, Editorial Sudamericana, 1956.

______, "El misterio del ser", en *Obras selectas 1*, Mario Parajón (trad.), Madrid, Biblioteca de Autores Cristianos, 2002.

______, *Le mystère de l'être*, París, Aubier, 1963.

______, *Ser y tener*, Ana María Sánchez (trad.), Madrid, Caparrós Editores, 2003.

Marion, Jean-Luc, *Dieu sans l'être*, París, Presses Universitaires de France, 1991.

Martínez, Juan Pablo, *El sufrimiento en la vida. Reflexiones sobre la esencia humana en torno a Michel Henry*, Madrid, Ápeiron Ediciones, 2021.

Paz, Octavio, *El arco y la lira*, México, Fondo de Cultura Económica, 2003.

______, *El laberinto de la soledad*, en *Obras completas*, Vol. 8. El peregrino en su patria, México, Fondo de Cultura Económica, 2006.

Péguy, Charles, *Note sur M. Bergson et la philosophie bergsonienne*, en *Œuvres en prose complètes III*, París, Éditions Gallimard, 1992.

Platón, *Fedro*, Armando Poratti (trad.), Madrid, Ediciones Akal, 2010.

______, *Protágoras*, Ute Schmidt (trad.), México, UNAM, 1993.

Plessner, Helmuth, *La risa y el llanto. Investigación sobre los límites del comportamiento humano*, Lucio García Ortega (trad.), Madrid, Trotta, 2007.

Poe, Edgar Allan, *La filosofía de la composición*, Carlos María Reylés (trad.), México, Ediciones Coyoacán, 1999.

______, *Narraciones extraordinarias*, Julio Cortázar (trad.), Santiago de Chile, Editorial Andrés Bello, 2000.

______, *Poetry and Tales*, Patrick Quinn (ed.), Nueva York, Library of America, 1984.

Reyes, Alfonso, *La experiencia literaria*, México, Fondo de Cultura Económica, 1993.

Romano, Claude, *El acontecimiento y el mundo*, Fernando Rampérez (trad.), Salamanca, Ediciones Sígueme, 2012.

Rosenzweig, Franz, *El librito del sentido común sano y enfermo*, Alejandro del Río Herrmann (trad.), Madrid, Editorial Herder, 2022.

______, *La Estrella de la Redención*, Miguel García-Baró (trad.), Salamanca, Ediciones Sígueme, 2021.

Sade, Marqués de, *Las 120 jornadas de Sodoma*, César Santos (trad.), Madrid, Akal, 2004.

Soler Frost, Pablo, "*Farabeuf*, mi semejante, mi hermano", en Salvador Elizondo, *Farabeuf o la crónica de un instante*, México, Fondo de Cultura Económica, 2015 (edición conmemorativa 50 años).

Taylor, Charles, *Las fuentes del yo. La construcción de la identidad moderna*, Ana Lizón (trad.), Barcelona, Paidós Editores, 2006.

______, *Imaginarios sociales modernos*, Ramón Vilà Vernis (trad.), Barcelona, Ediciones Paidós, 2006.

Weil, Simone, "Reflexiones sobre el bueno uso de los estudios escolares", en *A la espera de Dios*, María Tabuyo y Agustín López (trads.), Madrid, Trotta, 2003.

Xolocotzi, Ángel y Antonio Zirión, *¡A las cosas mismas! Dos ideas de la fenomenología*, Morelia/Puebla, Miguel Ángel Porrúa, 2018.

Zaid, Gabriel, "Realismo de *Farabeuf*", en Salvador Elizondo, *Farabeuf o la crónica de un instante*, México, Fondo de Cultura Económica, 2015 (edición conmemorativa 50 años).

Este libro se imprimió en la Ciudad de México,
el 24 de junio de 2024, Natividad de san Juan Bautista,
en Litográfica Ingramex, S. A. de C. V.
Centeno 162-1, Granjas Esmeralda, Iztapalapa,
C. P. 09810, Ciudad de México, México

www.ingramcontent.com/pod-product-compliance
Lightning Source LLC
LaVergne TN
LVHW091517170726
843492LV00001B/493